Zur Erinnerung
an den Heimatdichter
Rudolf Lehr

Anton Ottmann, geb. 1945 in Heidelberg, promovierter Erziehungswissenschaftler und pensionierter Lehrer für Mathematik und Physik, verfasst seit über 40 Jahren Arbeitsmaterialien, Artikel sowie Bücher zur Pädagogik und Mathematikdidaktik. Im Bereich der Belletristik sind bisher erschienen die Erzählbände „Weihnachten heute“ (1996), „Die Pariserin“ (2004) in dritter Auflage „Weihnachten ist jedes Jahr“ (2004) und „Begegnungen in der Weihnachtszeit“ (2018); außerdem der Roman „Trauerjahr“ (2013). Ottmann ist Preisträger beim Mundartwettbewerb 2007 und 2009 des Arbeitskreises Heimatpflege.

Anton Ottmann

Kurpfälzer Gebabbl

Dialoge, Gedichte,
Monologe, Geschichten

LINDEMANNS BIBLIOTHEK
EDITION MUNDART

Wir danken herzlich
für die freundliche Unterstützung:

theater im bahnhof

Inhalt

Was isch Kunscht? 7
De Wei-Geischt 10
Wu mache mer des Johr Urlaub? 15
Wer un was isch en Kurpfälzer? 20
Rettungsscherm 23
Märzeveilsche 27
Dozent an de Volkshochschul 32
Weihnachtsstress vun eme Vatter 36
Was gibt's zum Gebårtstag? 41
Kuhplatscher un Gaulsknottl 46
D'Witwe Bolte 51
Jedes Johr Gebårtsdag 54
Zeh Gebote vum Sportverei 59
Grouße un klåne Sinde 62
Jungi Modder 66

Ufklärung 1953 70
De Owerufseher werd pensuniert 73
De heilische Nikolaus 78
De Briefmårkesammler 81
En Pfarrer kummt en de Himmel 87
Sparmaßnåhme uf em Rothaus 91
De Moibåmklau 95
's Bundesverdienschtkreiz 102
Wenn isch alt wär 106
Weihnachtsgutslbacke 107
Diät 110
60-Jährische 113
Kårzarweit 115
Es wår blouß die Gulaschsupp 117
Klimakterium masculinum 122
's Chrischtkindl 127
Unser Dochter werd 40 132
68er-Studente 137

Å (å) ist ein Nasallaut der a mit o verbindet.

Was isch Kunscht?

Wenn en klåne Grutze ä Bild molt,
en Aff Farb uf ä Plakat nå schmiert,
d'Omå Verslin vun frieher schreibt,
de Gsangverei än Schwank ufiert,
mei Frå ihr Kinner fotografiert,
isch des alles schun Kunscht?

Gehöre zu de Kunschtwerke,
Graffiti un Lore-Romane?
Fassnachtsrede un Politikergschwätz?
Ä Lied, vun meinere Tochter geträllert?
Ä Burg, en de Sand nei gesetzt?
Dreck, an die Wand nå gschmiert?

Uf jeden Fall isch's ä Kunscht-Stick,
an de Deck zu klewe wie ä Mick,
groußе Zahle em Kopf zu dividiere,
ä vorgfassti Meinung zu revidiere,
beim Rad-Sport uhne Doping zu gewinne,
un: Ä Frå vum Ståbwische abzubringe.

Ehrlisch, de Künschtler isch ä årmi Sau,
weil-er die Welt ganz anerscht sieht
un kaum åner ihn däbei versteht,

weil Kunschtbanause iwern lache,
sie solle's doch mol besser mache!
Dabei isch-er de Glicklischste vun de Welt,
lässt mer en schaffe, gråd wie's ihm gfällt.

En Künschtler lebt selte vun seine Werke,
Verkåfe ghärt net zu seine Stärke.
Å Pokale mache ihn net reisch,
Des isch ihm awer ziemlisch gleisch.
Er verschmerzt so mansche Reifall
un lebt von Lob un Beifall.

Un immer noch wisse mer net, was Kunscht isch!
For die meischte isch's alles, was schwierisch isch.
For mansche hot sie kån praktische Nutze,
for anere hinnert sie gråd beim Putze.
Ganz oft abschtrahiert die Kunscht,
un liffert Rätsl ganz umsunscht.

En de Antike isch Kunscht dem menschlische
Geischt entsprunge,
em Mittelalter hot sie Handwerk mit Perfektion
verbunne.
Schwarzi Kunscht wår verbotini Zauberei,
for besuners Verbohrte sogår Hexerei.
Goethe hot Wissenschaft en Kunscht verwannelt,
um Un-Natur hot sich's in de Ufklärung gehannelt.
Libido uf hohem Niveau wår sie for Freud,
Erbauung isch sie heit for die meischte Leit.

Nur wer sich uf die Kunscht eilässt
un sich mit Herz un Arsch voll neisetzt,
der kann kapiere, um was es do geht,
un dass des net in Wikipedia steht.
Mit Freiheit des Geischtes hot des zu du,
mit Grenze iwerschreite noch däzu,
mit Sache, die uns sprachlos mache,
und Bilder, die uns staune lasse.

Kunscht kann mer net wirklisch erkläre,
sie taugt nix um Mensche zu belehre.
Die Kunscht bringt die Ohre zum Klinge,
die Mäuler zum Dichte und Singe,
die Åre zum Staune un Sehe,
un lässt de Kopf neie Wege gehe.
Doch jeder muss for sich selwer wisse,
ob, wo, un wann, ihn die Muse kisse.

De Wei-Geischt

Wu de Friedhelm en ere grouße badische Winzergenossenschaft de Kellermåschter gemacht ghat hot, hot en sein Vatter en ä Weingut em Burgund gschickt, damit er do de letschte Schliff kriegt. Dort hot er net blouß viel glernt, sundern sisch å noch en die Tochter vun seim Chef verliebt. Wu dann sein Vatter en Herzinfarkt kriegt hot, isch er mit seinere franzesische Frå en de Kraichgau zurickkumme, um des väterlische Weigut zu iwerneme.

De Friedhelm un die Cornelia kremple ganz schnell d'Ärml nuf. Em Houflade, do gibt's jetzt net blouß de eijene Wei un Schnaps, sundern å de franzesische vun ihrm Vatter, außerdem Obscht und Gmies aus de Gejend, Doseworscht un Schinke vum Metzger em Dorf un de Hunisch vum heimische Imker.

Schnell hot sisch's rumgschwätzt, dass mer em Houflade vun de Cornelia en erschdklassische franzesische Rotwei kåfe kann. Als sie å noch franzesische Käs un original Baguette åbiete dut, do brummt des Gschäft. Un manschs Mannsbild kummt blouß vorbei, um des Lache un des charmante Deitsch vun dem Friedhelm seiner Frå zu höre.

Awer die Hauptsach klappt åfach net: Mit seim eijene Wei kann de Friedhelm die Leit net iwerzeige.

De meischte Kunde isch er zu trocke, forztruckit såre mansche, anere isch er net leischt un fruchtisch genung. Net ämol sein Vatter hält zu-em: „S'Geld häwe mer immer mit de åfache Leit verdient un die wolle vor die Flasch net meener wie vier fufzisch ausgewe."

Wu de Schwijervatter uf Bsuch kummt, fiehrt er den en de Keller. Nochdem der vun allene Fässer probiert hot, säscht er: „Nicht schlecht, aber es fehlt ein typisches Bouquet." Dann schläscht-er em Friedhelm uf d'Schulter. „Verlier nicht den Mut, auch wenn wir die gleichen Rebsorten haben, der Kraichgau ist nicht das Burgund. Der Wein will anders behandelt werden, aber das musst du selbst herausfinden."

„Des isch jo ä labrischi sießi Brieh", stellt-er eines Tages beim Probiere vum Risling fescht. Un den hot er gråd abfille wolle? Verzweifelt holt er sei Frå.

Die werd genausou blass wie er. „Den kannst du fortschütten, den kann man nicht trinken!" Zum Glick schmeckt en de anere Fässer de Riesling sou wie immer.

Ä pår Dag spooter isch de Weißburgunder mim Abfille drå. Mit Herzklopfe fiehrt de Friedhelm des erschte Glässl an die Lippe. Trocke mit wenisch Säure un ä bissl erdisch, genauso soll er sei. Erleischtert schnauft er uf. Dann prowiert er vum zwote Fass. „Pfui Taifel, was isch-en des? Der schmeckt jo blouß noch Alkohol, wie wenn åner Schnaps neigschitt häd."

Wie verrickt rennt er vun Fass zu Fass un prowiert. „Gott sei Dank, blouß å ånzischs Fass versaut. Des isch gråd noch zu verkrafte."

Em nächschte Owed schleischt er sisch in de Keller, setzt sisch hinner eme Stouß Weikischte in en bequeme Gårtestuhl und wickelt sisch en ä Wolldeck nej. Gråd hot er sei Krijel mit Spätburgunder leer, schläscht die Kerscheuhr zwölfe. Do sieht er ganz hinne än de Eck ä Bewejung. De Schreck geht-em dursch un dursch. Ä Gstalt eme weiße Nachthem kummt näher, ä Zipfelmitz uf em Kopf und ä brennendi Kerz en de Hand.

„Des isch jo de Opa!“ Un schun steht der em Fass mit Grauburgunder, dreht de Hahn uf un hebt s'Glässl druner. Vorsischtisch nemmt-er en Schluck, werkelt en em Mund hi un her, schmatzt un schlierft, un schließlisch lässt er mit eme Ruck de Wei d'Gurgl nuna låfe. Dann schmatzt er nochemol un säscht: „Den kann mer trinke.“

Un schun isch-er beim nächschte Fass. „Net schlescht, net schlescht“. Ja un dann sen die Fässer mit em Spätburgunder drå. Beim erschte schittelt-er blouß de Kopf, beim zwote spuckt er de Wei glei widder naus un beim dritte, wu de Friedhelm noch Lemberger unergmischelt hot, fängt å er zu schroie. „Was isch-en des vor ä Missgeburt, die Brieh kann mer jo net trinke. Wann kapiert der dabische Kerl, dass mir em Kraischgau des französische Gepansch net wolle. Die messe drei Sorte mischle, dass mer's iwerhaupt trinke kann. Dem muss isch ä Lektion erteile. Un schun langt er in sei Nachthem un holt ä klåns schwarz Fläschl raus.

Zornisch nemmt er sei Taschelamp und schroit: „Halt Opa, was mäsch-en du do?“

Do dreht sich der Kerl um, dem Friedhelm bricht de kalte Schweiß aus, des isch jo en Doutekopf! Jetzt kummt er uf en zu un langt mit knochische Finger noch em. „Buu, halt unser aldi Familietradition in Ehre, schunscht kumm i un holl di.“ De Griff wird feschter. En dem Mument hört er ganz weit weg sei Frå schroie.

Gott-sei Dank, Hilfe kummt! Do verwandlt sisch des Doute-Gsischt en des vun de Cornelia.

„Was ist denn mit dir los. Hast du schlecht geträumt?“

Wieso liegt er en seim Bett, alleweil wår er doch noch em Keller?

Un de Opa? Gegeniwer vum Bett hängt er an de Wand in Öl, stumm un bewegungslous, wie immer.

Sei Frå isch ganz ufgregt: „Fehlt dir etwas? Bist du krank?“

„Ich glåb, isch wåß jetzt, wer unsern Wei versaut!“

„Unser Wein? Der ist doch ganz in Ordnung. Im Gegenteil, gerade wurde er wieder in einem neuen Magazin gelobt.“

„Hosch du vergesse, dass mir ä ganzes Fass Weißburgunder und åns vom Riesling ausschitte gmesst häwe?“

„Das ist das Erste, was ich höre, wann soll das gewesen sein?“

Ja, wann wår'en des? Er schiddelt de Kopf. Hot er des alles blouß geträmt?

Noch em Friestick geht de Friedhelm en de Keller un sucht Spure vun dere Nacht. Awer er find wedder ä abgebrennti Kerz noch en Gårtestuhl. Dann prowiert er sischerheitshalwer vum Fass, wu de Opa drå gwesst isch. „Der schmeckt eigentlisch ganz wie-er sei soll!" Awer was de Opa gsoåt hot lässt-em trotzdem kå Ruh: An die Tradition åknüpfe! Isch sood mol mim Vatter schwätze, vielleischt kenne mer doch mit de französische Methode un de Tradition vum Kraichgau zsamme en gude Wei mache."

Ja, un wenn sie nicht gestorben sind, de Friedhelm un die Cornelia, dann lewe sie heit noch eme klåne Dörfl em Kraichgau un mache dort än Spitzewei. Awer wu des genau isch, des messe Sie, liewe Leser, selwer rausfinne.

Wu mache mer des Johr Urlaub?

Inge: Knut, hosch du gsehe, dass sie en de Zeitung ä Leser-Reis noch China åbiete? Do keente mer doch mitmache!

Knut: Die mit de Schlitzårc? Zu dene bringe misch kå zeh Gäul. Do verstehsch kå Wort.

Inge: Dohin en de Zeitung steht, die meischte Asiate kenne englisch schwätze.

Knut: Un, kannsch du Englisch? Isch net!

Inge: Zum verreise langt's.

Knut: Dass isch net lach. Uf de letschte Reis hosch gsåt, isch ess doch kån gekochte Hund, wu sie ‚hot dog' ågebotte häwe. Un wu gsåt hosch „I become a chicken", do häwe sisch net blouß die Bedienunge, sundern å noch die Kösch halwer dout glacht. Un all sen sie kumme un häwe sehe wolle, wie du åfängsch zu gackere.

Inge: Isch wås heit noch net, warum die sou glacht häwe. Vielleischt weje meinere Aussproch?

Knut: Wehje dere keent mer å lache. Wåsch du net, dass „I become a Chicken" håst „Ich werde ein Huhn"?

Inge: Sou en Fehler kann dir jo net passiere. Wer nix sässcht, kann å nix falsch mache.

Knut: Uf jeden Fall, noch China bringsch misch net. Do kriegsch dann Schlange und Fräsch zum Esse!

Inge: Die wisse doch, dass die Deitsche des net wolle.

Knut: Ja, un dann drehe sie des alles dursch de Fleischwolf und stelle's uns als Frikadelle nå. Außerdem musch disch bei dene dauernd verbeige. Do fährt's mir jetzt schun en's Kreiz nej.

Inge: Isch seh schun, mit Abenteuerurlaub isch bei dir nix drin. Wahrscheinlisch bildsch der å noch ei, do dät mer uf Stroh schlofe un em Freie mit kalt Wasser dusche!

Knut: En meinere Jugend bin isch genung unerwegs gwest.

Inge: Moansch du, wu du mit deinere Oma nach Walldürn wallfahre gange und mit de Fussballer zum Freundschaftsspiel noch Mosbach gfahre bisch, alle Achtung!

Knut: Du brauchsch net sou spitz zu dau, isch wår å mol mit meine Freinde zelte am Gardesee un skifahre en Tirol.

Inge: Du hosch die Wannerung mit deinere Schulklass uf de Katzebuckel vergesse, un de Ausflug mim Gsangverei an die Mosel. Isch häb åscheinend en rischtische Weltebummler geheiert. Awer jetzt mol em Ernscht, hosch du der schun Gedanke gemacht, wu mer nägschts Johr nåfahre?

Knut: Dann mach halt ämol ä pår Vorschläg.

Inge: Winterurlaub en de Österreichische Alpe!

Knut: Do isch's doch saukalt.

Inge: Des isch doch gråd des Scheene. Do mache mer de Tåg iwer Langlauf odder wannere em Schnee un oweds setze mer uns en die Saune un schwitze, un zum krönende Abschluss gehne mer gemietlisch en Wei trinke.

Knut: Warum soll'en isch zuerscht friere un dann schwitze, un des vor än Haufe Geld?

Inge: Wenn der des net passt, wie wär's dann mit eme milde Winter en Mallorca?

Knut: Do sen doch blouß Alte unerwegs.

Inge: Du månsch sou wie du?

Knut: Quatsch, rischtisch Alte. Un außerdem rearts do em Winter. Wenn isch nass wäre will, kann i å dchåm bleiwe.

Inge: Ja, was hältsch en du vun de Apfelblüte en Meran?

Knut: For des brauchsch net noch Italie. Hosch du noch nie die alde Äpfelbäm in Maisbach blihe sehe?

Inge: Alla gut, alleweil fahre doch sou viel Leit en die Türkei. Do isch alles inklusive, s'Bade, s'Esse un s'Trinke.

Knut: Un was isch mit de Kultur?

Inge: Do kannsch Höhle bewunere, wu vor tausende vun Johr schun Leit drin gwuhnt häwe, un uralte griechische Siedlunge.

Knut: Bei uns em Kraichgau gibt's å ä aldi Römerstroß, de Limes, keltische Gräwer un alte Setzstå. Weje de Kulturdenkmäler brauche mer net fortzufahre.

Inge: Ja gut, dann mache mer doch ebbes, wu noch net alle Leit gwesst sen. Alaska odder de Nordpol?

Knut: Hör mer blouß do dävu uf, do friersch der jo de Arsch ab.

Inge: Ja gut, wenn d'net ens Kalte widd, dann vielleischt en die Sahara odder en de brasilianische Urwald?

Knut: Mein Gott, du fällsch vun åm Extrem ens anere. Mir schwitze doch im Summer bei uns dehåm schun genung. Was månsch en du, warum unser letzschter Kaiser, de Wilhelm de II., sei Kolonialtruppe en Karlsruhe ausgebildt hot?

Inge: Kå Ahnung.

Knut: Do hot der sei Soldate tropetauglich gmacht. Weil's en ganz Deitschland blouß en unsere Gejend so wårm un sticksissch isch. Mit anere Worte, mir lieje souzusåre schun in Afrika, mir brauche net nå zu fahre.

Inge: Langsam gehsch mer uf de Wecker. Jetzt såg halt ämol, was du widd!

Knut: Isch häb gedenkt, mehr keent emol en die Toskana fahre. Des isch ein sanftes hügelisches Gelände, do musch disch beim Låfe net sou arig åstrenge, dann hot's iwerall Kultur, un wenn'd net gråd em Summer en de gräschte Hitz nå gehsch, dann isch des Wetter mild un ågenehm.

Inge: Was du do alles ufzählsch, häwe mer bei uns dehåm å. Wannere kenne mer uf de Königsstuhl un uf de Steinsberg, Schlösser kenne mer en Bruchsal un Heidelberg ågucke, Burge en Neckarsteinach un Hirschhorn, Keersche in Speyer un Waghäusel, bade kenne mer em Thermalbad en Mingolsheim, un wenn mer schee Kaffe trinke wolle, geh mer noch Ewerbach ens Kaffee Viktoria.

Knut: Un wenn i mer's rischtisch iwerleg, isch-es doch viel åfacher, wenn du en Heidelberg in de Pizzaria mit em Kellner hochdeutsch schwätze dusch, wie wenn disch mit deine finf Wörter Englisch en Italie abblogsch. Odder net?

Inge: Du hosch ganz vergesse, dass mer mit dem Urlaub dehåm em Kraischgau å noch än Haufe Geld spare keente. 'S Esse neme mer em Rucksack mit un beim Eitritt krije mer Ermäßischung als Rentner.

Knut: Siehsch Schatzl, wenn mer lang genung nochdenkt, find mer vor alles ä Lösung.

Wer un was isch en Kurpfälzer?

Heitzutåg wuhnt en Kurpfälzer rechts vum Reih, zwische Weinhem un Brusl un vun Neckargemind bis Ewerbach, Mosbach un Sinshe. Zu de Kurpfalz ghöre heit å Ortschafte, wu frieher net kurpfälzisch gwesst sen, sundern zum Bistum Speyer geghört häwe, sou wie Diele un Rot. En eschte Kurpfäzer erkennt mer net do drå, wu er wuhnt, sundern an gewisse Eigeschafte.

Erschtens mol isch dem egål, ob die Auswärtische zu em Badner odder Badenzer såre, er isch des freiwillisch wore. Un des hot er ganz älå dem Napoleon zu verdanke, der wu die domolisch Kurpfalz links vum Rhei åfach französisch gemacht, un die rechts vum Rhei em Groußherzog vun Bade geschenkt hot.

Zwotens: En Kurpfälzer singt als Nationalhymne des Badnerlied net aus Iwerzeigung, sondern weil em de Jäjer aus Kurpfalz zu läppisch isch.

Drittens: Die Moddersproch des Kurpfälzers isch ä Weiterentwicklung vum Pfälzische. Er säscht nämlisch Pfund un net Pund wie die uf de anner Seit vum Rhei, Apfel statt Apel und Pfeif statt Peif. Des Kurpfälzisch hot alsou en Laut mehner wie des gwöhnlische Pfälzisch und steht domit ufere häschere Entwicklungsstuf.

Viertens: Mit Französisch hot's de Kurpfälzer åfach, do kennt er schun ganz viel Wörter, wie Trottoir, Chaiselongue, malade un alla. Allerdings vun Hochdeitsch schwätzende Mensche werd er normalerswei net verstanne, weil sich, mit dene viele å's, Kurpfälzisch wie ä Geheimsproch åhört. Nur Eingweihte wisse, dass „Åre" net die Ohre, sundern die Augen sen.

Fünftens: Die Preiße, die kann de Kurpfälzer net leide, die sen halt ganz anerscht. Un dann vergisst er net, dass dene ihr Soldate 1848 uf unserm Boden die badisch Revolution blutisch nieder gschlåre häwe.

Sechstens: Em Gejesatz zu de rischtische Badner isch for de Kurpfälzer de Schwob mehner en Nachbar un wenischer en Feind, obwohl dem sein Geiz un sei Dipflschissrischkeit ihm å uf die Nerve gehne. Der Kurpfälzer isch en tolerante Mensch, månt er. Awer dass die Bayern, wu mol Unertane vun unserm Kurfürscht gwesst sen, uns en ån Topf mit de Schwowe schmeiße, des verzeiht-er dene net.

Sou, des wär mol s'Wischtischte. Halt, zur Tracht muss i noch was såre. Des isch ganz åfach: S'gibt kåni. Un die, wu als en Wiesloch em Winzerfescht mit Derndl un Herschledderhouse rumlåfe, die häwe em Gschischtsunerischt net ufgepasst. Net mir sen an Bayern åghängt wore, umgekehrt wår's, Bayern isch zur Kurpfalz kumme.

Leider muss isch die Eiheimische, wu stolz uf ihr kurpfälzische Abstammung sen, enttäusche: Es gibt kån Kurpfälzer mit eme reirassische Stammbåm. En friehere Zeite häwe spanische, östreischische, preißische und französische Soldate uns mol als Feind, mol als Freind beglieckt un å manschs lewenischs Ådenke hinnerlosse. Å Judde und Protestante, wu vum französische Könisch verfolgt wore sen, un noch em 30-jährische Krieg Baure aus Holland und de Schweiz sen zu uns kumme. Un en jüngschter Zeit häwe amerikanische Soldate und Gaschtarweiter aus Italie, Spanie, Griescheland, Portugal, Jugoslawie un de Türkei frisch Blut neigebrocht. Net zu vergesse die viele Studente, Flichtling, Vertriewene und Aussiedler. Un neme mer noch die Rheiläner, Norddeutsche, Schwowe und Sachse däzu, die vun unsere Arweitsplätz åglockt wore sen, dann gibt's wahrscheinlisch reirassische Kurpfälzer genausou wenisch wie reirassische Stroßeköder.

Fasse mer zsamme: De Kurpfälzer isch ä einmalische Mischung un hot nur gute Eigeschafte. Vum Südlänner hot er die Leischtischkeit und die Liebe for de Wei und for's gute Esse, vun de Schwowe de Fleiß, vun de Preiße die Pünktlischkeit un vun de Pfälzer de Humor. Blouß, vun wem er sein herbe Charm hot, des wåß niemand. Awer Charm isch Charm, des isch d'Hauptsach.

Rettungsscherm

Ida: Du Gerhard, hör mol her.
Gerhard: Mm.
Ida: Was hälsch en du vun eme Rettungsscherm?
Gerhard: Was widd en du mit eme Rettungsscherm?
Ida: Bis jetzt noch nix. Awer isch denk, des wär ä erschklassischi Inveschtition.
Gerhard: Un vor was soll des gut sei?
Ida: Isch denk, wenn mer sou åna kåfe däte, känte mer nimmi abstärze.
Gerhard: Was isch en des jetzt vor en Quatsch. Wu widden du abstärze?
Ida: Des isch's jo gråd, isch will net abstärze.
Gerhard: Isch kappier nix.
Ida: Isch stell mer des sou vor: Wenn mir en de Alpe wannere, dann werd der dir uf de Buckel gebunne.
Gerhard: Un em Flugzeug?
Ida: Uf de Bauch, damit du disch beim Esse zurick-lehne kannsch.
Gerhard: Un was isch mit dir?
Ida: Der isch sou grouß, dass isch å druner pass.
Gerhard: Un wie sollen des geh? Du låfsch doch beim Wannere immer hinne noch un babblsch mit deinere Freindin.

Ida: Des kann isch der å net såre. Awer do en de Zeitung steht: „Unter dem Rettungschirm haben alle Notleidende Platz."

Gerhard: Frå, du hosch mol widder nix kapiert. Bei dem Rettungsscherm geht's um die hohe Finanzpolitik und net um en Fallscherm vor's Wannere.

Ida: Såg mol, wie stellschen du misch nå? Mir Fraue kapiere å was vun de Politik, immerhin stelle mir die Bundeskanzlerin. Un die hot gsåt, de Rettungsscherm isch notwennisch, um die Europäer vor dem Absturz zu rette. Sen mir zwå jetzt Europäer odder net?

Gerhard: Natierlisch sen mir des.

Ida: Alsou muss er uns å helfe.

Gerhard: Awer doch net beim Wannere. Vielleischt bei unsere Ersparnisse.

Ida: Ah, die kenne å abstärze?

Gerhard: Net direkt, awer unser Bank, wenn dere s'Geld ausgeht.

Ida: Jetzt häw i's verstanne. Wenn unserer Bank s'Geld fehlt, dann kriegt sie des vum Rettungsscherm, un mir, mir krieje's widder vun de Bank. Ja, un vun wem kriegt's de Rettungsscherm?

Gerhard: Ganz åfach, vun de Steierzahler.

Ida: Alsou krije mir unser eijenes Geld gråd widder zurick?

Gerhard: Net ganz, die Chinese solle å ebbes däzu beisteiere.

Ida: Ehrlisch gsåt, des mit em Rettungscherm häw isch immer noch net ganz kapiert. Wiesou kann do plötzlisch Geld fließe, wenn mer en Scherm ufspannt.

Gerhard: Des isch jo gråd des Scheene an dere Erfinnung. Wenn der ufgspannt werd, denke alle Leit, dass Geld fließt, un weil des all denke, isch alles widder en Ordnung.

Ida: Alsou, ågnumme, s'hot schun lang nimmi greart. Dann spann isch mein Scherm uf und alle Leit denke, s'dät räre. Un weil des alle Leit glåwe, isch alles in Ordnung. Isch des sou?

Gerhard: Em Prinzip ja. Awer du musch des Ganze zu End denke. Noch ere gewisse Zeit merke die Leit, dass de warme Reje vun owe doch net kummt. Un was mache die jetzt mit dem Scherm?

Ida: Isch häb's: Die neme en Schlauch, spritze uf de Scherm un alle Leit, wu druner stehne, måne, s'dät räre.

Gerhard: Ja, un weil des Wasser vun dem åne Schlauch net langt, såre sie zu allene Leit auße rum, sie solles åfach in d'Luft spritze, un dann reart's plötzlisch iwerall.

Ida: Ja, un wenn kå Wasser meh aus em Schlauch rauskummt, was isch'n dann?

Gerhard: Ja, dann kenne sie blouß noch uf ä Wuner hoffe.

Ida: Un sou isch des å beim Rettungsscherm?

Gerhard: Nå, do isch des noch viel besser. Wenn sie kå Geld meh häwe zum en die Luft pulvere, dann werd åfach neijs gedruckt.

Ida: Genial, was sisch do die Politiker ausgedenkt häwe.

Gerhard: Mensch, jetzt wås isch å, was mir mit unserm Geld mache.

Ida: Vielleischt en Rettungsscherm kåfe?

Gerhard: Quatsch. Mir kåfe Aktie vun de Gelddruckerei. Bei dere gibt's bestimmt bald Houchkunjunktur.

Ida: Un wie wär's, wenn mer selwer ä klåni Druckmaschin åschaffe däte?

Gerhard: Un ä bissl Geld drucke?

Ida: Genau. Was månsch-en, was des vor en Spass mäscht, wenn mir dann des viele Geld åfach zum Fenster naus schmeiße!

Märzeveilsche

Hand in Hand häwe d'Elisabeth un de Philipp de Leimbach an de Holzbrick iwerquert un en die braun Brieh nuna geguckt, in dere Holzsticklin und allerhand Abfall gschwumme isch. Beim Weidebusch sen sie steh gebliwe un häwe de Biene zugeguckt, wie die um die flauschische Kätzlin rumgflorre sen. Iwer de grouße Verkehrsstroß sen sie dann die Hohl nufgloffe, die im Lauf der Jahrhunerte vum Rejewasser un vun de Fuhrwerke eigegråwe wore isch.

Sou ganz älå wår's dene zwo schun ä bissl mulmisch. Wer wåß, was sisch do alles versteckelt hot in dene houche Lehmwänd? Vielleischt en Fuchs, en Marder, ä Eul odder vielleischt sogår de schwarze Mann? Sie wåre frou, wu sie endlisch owe åkumme sen, raus aus dem Loch, wu's sou kalt wår wie eme Keller, un sou groche hot's å.

Vun owwe häwe sie en schäne Blick uf des Dörfel ghat, mit seine route und braune Ziegeldäscher und dem griene Kupferdach vun de Kersch. Die Veggel häwe gezwitschert, ä Pferdefuhrwerk isch iwer de Acker gfahre un em Himmel wåre Kondensstroife vun eme Flugzeig zu sehe.

Uf de Rickseit isch de Buckel terrasseförmisch abgfalle, unerbroche von Råh, uf dene Bisch und Bäm gwachse sen. Uf de Äcker hott de Winterweize ippisch gedriwwe. Däzwische hot's Kleeäcker mit alde Äpfel-, Biere- un Zwetschgebäm gäwe.

Eme grouße Busch hot d'Elisabeth die Äscht uf die Seit geborre. „Do guck“, hot sie ihn ågstrahlt.

Er hot sisch sei Enttäuschung net åmerke losse. Uner Märzeveilsche hot-er sisch grouße route un geele Blume vorgstellt, net sou mikrische Blütlin.

Do hot sisch sei Freindin å schun någhockt, vorsischtisch en zarte Blütestängel abgropft un dem Philipp uner die Nas ghowe. „Riesch“.

En wunerbare Duft isch-em en die Nas gstieje. Jetzt wår er doch frou, dass sie ihn mitgeschleppt hot.

Die fünf Bliteblättlin wåre net åfach bloo, nå, sie häwe en Stich en's Violette ghat und die dunklere feine Äderlin wåre wie någepinslt.

Eifrisch hot de Philipp gepflickt un wu er die Blietlin gråd noch halte gekennt hot, hot d'Elisabeht vun de saftisch-griene herzförmische Blätter ä pår abgrisse un domit des Streißl eigebunne. Em Philipp isch's wårm um's Herz wore, des wår jetz ebbes ganz Bsuners, domit mäscht er seinere Modder bestimmt ä groußi Freid!

Uf em Rickweg hot's plötzlisch ågfange de Angelus zu leite. Sou spoot schun! Sie häde längscht dehåm sei misse. Do sen sie lousgrennt, uf em kürzeschte Weg quer iwer die Felder un die Rå nuner uf em Housebode. Do däbei häwe sie die Straiß ganz fescht ghalte. Wenn sie die verlore häde, wär jo die ganz Mih umsonscht gwesst.

Wu de Philipp en die Kisch nej grennt isch, isch sei Modder em Spülstoi gstanne un hot gråd Teller abgedrickelt. Er isch en den Bodde nej verschrocke: Die häwe schun gesse! Uhne ihn! Verschwitzt un noch Luft japsend hot de Philipp seinere Modder tapfer de Strauß hieghalte: „For disch Mamå."

Zornisch hot die des Handtuch uf de Tisch geknallt, ausgholt un ihm ä Ohrfeig ins Gsicht gebadscht, wu ihr ganzi Ängscht und Wut drin gstocke isch. Schließlisch hot sie sisch schun alles Mäglische an Katastrophe ausgedenkt ghat. Wu de Philipp en Träne ausgebroche isch, hot sie blouß gedenkt: „Des hot-er verdient."

De Philipp wär em liebschte widder fortgrennt, awer dann wär alles noch schlimmer wore. Sou hot-er uglicklisch uf de Strauß geguckt, wu er immer noch krampfhaft in de Hand ghalte hot. Un dann hot er sisch å noch åhöre misse, wass vor en böse Buu er wär, der seinere Modder blouß Sorje mache dät. Em Schluss isch er en's Bett gschickt wore – uhne Esse.

Erscht wu em Haus alles ruhisch wår, isch de Philipp en'd Kisch gschlische un hot ä Glas Wasser gholt un des Straißl neigstellt. Die Veilsche sen en dem grouße Glas sou was vun ådärmlisch rumhängt, genau sou wie er sisch selwer gfiehlt hot. Do isch-er nochmål naus un hot ä Stickl Schnur gholt un des Straißl zsamme gebunne. Sou häwe ihm die Märzeveilche besser gfalle. Mit dem Duft en de Nas isch er dann endlisch eigschlofe.

Em näschte Morje hot-er des Straißl en Zeitungspapier eigepackt und en de Schulranze gsteckt. Uf em

Weg zur Schul hot-er dann de Elisabeth verzählt, wie's ihm dähom gange isch.

Die hot gmånt, ihr Modder häd zuerscht å gscholte, dann häd sie sisch awer doch gfreit. Allerdings häd sie gemånd, den weite Weg häde sie sisch spåre kenne, hinnerm Hiehnerstall gäb's Märzeveilche genung.

Uf em Håmweg hot er dann sei Päckl aus em Ranze gholt un sei Freindin ganz verschmitzt ågeguckt: „Ich häb ebbes vor disch." Wu er's Papier ufgmacht hot, sen die Köpflin vun dene Märzeveilsche traurisch nunerghängt. Am liebschte hät er gheilt. „Die sen vor disch", hot-er tapfer gsåt.

Do hot d'Elisabeth iwer's ganze Gsischt gstrahlt. „Wenn isch sie en's Wasses stell, wäre sie widder!" Un dann hot sie em ganz schnell en Kuss uf d'Lippe gedrickt.

„Auf, mir renne håm", hot er verleje ihr Hand gnumme un isch louß grennt. „Nochämol därfe mer net zu spoot kumme."

Sie häwe net gwisst, dass ihrn Schulkamerad Reinhard sie heimlisch beobacht ghat hot. Em nächschte Tåg häwe em dann die ganze Buwe vun de Klass nochgrufe: „De Philipp hot ä Freindin, de Philipp hot ä Freindin."

Do hot er sisch än de Bodde nej gschämt. En siewejährische Bu spielt Fußball und gibt sisch doch net mit de Mådlin ab. „En Mådl-Bu" hot er net sei wolle.

Als d'Elisabeth wie jeden Tåg noch de Schul uf en gwårt hot, isch er nochmal zurick uf de Klo gange un erscht widder rauskumme, wu sie fort wår. Vun do ab isch er ihre aus em Weg gange. Un wu die Schulkamerade ihn gfrogt häwe, ob des wohr wär mit seinere Freindin, hot er bloß gsåt: „Ihr spinnt doch“.

Heit, noch iwer 50 Johr, freit sich de Philipp immer noch, wenn er Märzeveilsche find. Dann hält er sisch åns uner d’Nas, un mäscht die Åre zu. Dann rieschter wie friher de Friehling un spiert de Kuss vun de Elisabeth uf de Lippe.

Dozent an de Volkshochschul

Ingrid: Guck ämol hinner deinere Zeitung vor, isch will was mit der schwätze.

Siegfried: Isch kann lese und zuhöre gleichzeitisch.

Ingrid: Dass isch net lach. Alles muss i der drei Mol verzähle. Jetzt mach die Zeitung runer!

Siegfried: Bisch du mit deinere Hälft schun fertisch?

Ingrid: Die Todesåzeige häw i schun glese. S'isch niemand däbei, wu mer kenne.

Siegfried: Isch des alles, was disch interessiert?

Ingrid: Wenn isch net jedn Tåg dänoch guck, dätsch Weinachtskårte an Leit verschicke, wu schun längscht gstorwe sen.

Siegfried: Jeden Morje hör i s'Gleische: „Guck ämol, jetzt hot's de Herr Maier verwischt". Odder: „Des häwi net gedenkt, dass s'Mariele sou alt wore isch." Mer känt måne, des isch de gröschte Schpass, wenn åner sterbt.

Ingrid: S'isch schun ä scheens Gfühl, wenn siehsch, dass selwer net däbei bisch. – Awer känsch ämol im Horoskop gucke, ob mer die Woch em Lotto gwinne?

Siegfried: Do dävu steht nix drin. Awer, dass isch heit Glick in de Liebe häb, des steht drin.

Ingrid: Wend misch weiter sou ufregsch, – mit mir net, des kann i der verspreche.
Siegfried: Dann halt mit enere anere.
Ingrid: Do muss i awer lache. Wer soll-en disch alte Simpl noch wolle?
Siegfried: Täusch di mol net. En meim Alter hot schun manscher sei Frå geje ä jüngeri eigetauscht.
Ingrid: Awer net mit deinere Rente un deine Bosse. Do musch schun ä bissl mehner vorweise. Außerdem häw isch geschtern glese, „dass reife Frauen bei jüngeren Männern große Chancen haben".
Siegfried: Was wood'schen du mit eme Junge åfange?
Ingrid: S'Gleische wie du. Sou âm isch die äußere Scheenheit net sou wischtisch.
Siegfried: Irgendwann wacht er uf und sieht ä alti Schachtl newer sisch em Bett.
Ingrid: Jedi Frå isch schee, mer muss blouß mit de rischtische Åare någucke.
Siegfried: Do musch der awer ånner raussuche, wu uf beide Åre blin isch.
Ingrid: S' langt. Jetz leg endlisch die Zeitung weg!
Siegfried: Isch will awer weiterlese!
Ingrid: Nå, des kummt net in Frog, wenn isch jetzt ens Bad geh, hausch ab un isch seh di erscht widder zum Mittagesse.
Siegfried: Isch wås net, was du immer sou lang do drin mäsch. Vun deine viele Salwe wersch å net scheener.

Ingrid: Wu mer mol widder beim Themå wäre. Wenn i der nimmi gfall, such der halt in Gotts Name ä anneri.

Siegfried: Jetzt reg di widder ab, isch wås doch, dass i sou åni wie disch nimmi finn. Wer kann en heit noch Schnorrgickel, Grießknöpf un Dampfnudel koche. Un dein Hefezopf, ehrlisch, der isch eimalisch.

Ingrid: Klor, bei de alte Männer muss mer sisch halt mit abfinne, dass die Liebe blouß noch dursch de Måre geht. Awer såg ämol, muss isch sou blöde Diskussione mei restlischs Lewe aushalte?

Siegfried: Nå, do bin i mer ganz sischer. Do steht's en de Zeitung. „Die Lebenserwartung der Frauen liegt sechs Jahre höher als die der Männer." Un des isch blouß de Durschnitt, des håßt, wenn di Frå sou plogt wie du, dann geht's noch viel schneller. Also richt di druf ei, bald hosch mi louß. – Du, awel hot's an de Dier geklingelt.

Ingrid: Na un, des werd eh vor disch sei.

Siegfried: Desweje kannsch doch trotzdem du die Dier ufmache.

Ingrid: Warum immer isch? Hosch schun gmerkt, dass mir em Zeitalter der Gleischberechtischung lewe?

Siegfried: Jetz isch-er fort.

Ingrid: Wer?

Siegfried: Des wås isch doch net, der wu geklingelt hot.

Ingrid: Mensch, du fällsch mer uf de Wecker. Des wår schee, wu'd noch schaffe gange bisch.

Siegfried: Do hosch rescht, was månsch-en, warum isch jeden Tåg d'Zeitung so ausfiehrlich studier?

Ingrid: Weil'd nix zu schaffe hosch.

Siegfried: Des isch widder typisch. Nå, isch such mer ä Ärwet, damit du dehåm mache kannsch was d'widd.

Ingrid: Un, hosch schun was gfunne?

Siegfried: Du wersch's net glåwe, ich bin jetzt Dozent bei de Volkshochschul.

Ingrid: Ausgereschelt du, du kannsch doch anere nix beibringe.

Siegfried: Taisch die do mol net. De Ådrang isch sou grouß, dass isch den Kurs zwåmol halte muss.

Ingrid: Alsou, ehrlisch gsåt, des kann isch mer iwerhaupt net vorstelle.

Siegfried: Do kann mer sehe, dass du mei wahre Fähischkeite noch gar net erkannt hosch.

Ingrid: Un was soll des for en Kurs sei?

Siegfried: „Streitkultur im Rentnerleben." Untertitel: „Erfahrener Rentner verrät rhetorische Tricks und Tipps."

Ingrid: Ah, jetzt wås isch endlisch, warum du die letzte zwå Woche weje jedem Scheißdreck mit mer rummghänelt hosch.

Siegfried: Richtisch, do häw i Erfahrungen vor mein Kurs gsammelt.

Weihnachtsstress vun eme Vatter

Sechs Woche vor Weihnachte: Mei Frå mäscht sisch Gedanke iwer d'Weihnachtsgeschenker. Was könne mer des Johr ausgewe? Was krieje d'Kinner? Was häwe sie selwer vor Wünsch? Bei unserm Suhn Peter isch des immer bsuners schwierisch. Zuerscht will er nix, damit er nochher såre kann, dass er immer benochteilischt werd. Isch iwerloss des Gschäft ganz meinere Frå, misch koscht ihr Gschenk schun Nerve genung.

Vier Woche vor Weihnachte: Mei Frå isch voll em Stress. Mit Markus, unserm fufzehjährische, un Peter, achtzehne, muss sie eikåfe geh. Die wolle ihr Klåder selwer raussuche. Ihr Modder känt jo aus Versehe uf die Qualität statt uf die Mode achte. Weihnachtsgutsl will sie å noch backe. Isch häb zu ere gsåt: Nemm doch die vum letschte Johr, em Keller steht noch ä ganzi Schachtel voll.

Drei Woche vorher: Peter beschert uns ä besuners Weihnachtsgschenk. Fährt doch der Krippel unser Auto zu Schrott. Un dann säscht er å noch: Bei dere Gelejeheit känsch der mol ä schnellers Fahrzeig åschaffe.

Zwå Woche vorher: Die Kinner were an die Weihnachtsgeschenker for uns erinnert. „Des Johr werd nix geschenkt“, häwe mer zu höre kriegt. „Ihr hät doch schun alles. Außerdem bleibt vun unserm Taschegeld eh nix iwerisch.“

Zeh Tåg vorher: Mei Frå un isch reje uns uf weje dem Elend en de Welt. Hochwasser uf de Philippine, Vulkanausbruch en Indonesie und Cholera in Haiti, do muss mer doch ebbes mache! Des Johr were mer ganz em Sinne chrischtlischer Näschteliebe feiere. Mir neme an ere Lichter-Prozessiun geje de Hunger en Afrika teil, un jeder gibt was vor die Houchwasseropfer. Do hät ihr mol unser Kinner höre solle: „Jetzt drehe sie dursch die zwå. Die måne, sie känte die Welt verbessere.“ Dass die uns net weje häuslischer Gewalt ågezeigt häwe, wår alles.

Neun Tåg vorher: Mir lade den Freund vun unsere 17-jährische Tochter un die Freindinne vun de Buwe am erschte Weinachtfeiertag zum Mittagesse ei, damit mer mol sehe, wer do seit Woche en die Kinnerzimmer schleischt. Do häwe die sisch vielleischt ufgregt. „Die kumme net“, häwe sie gscholte, „ihr wood sie doch gråd ausfrore.“

Acht Tåg vorher: Mei Frå un isch mache uns mol widder Gedanke iwer de Heilisch Owed. Alsou, vun dene revulutionäre Idee sen mer abkumme. Warum mache mer's net wie immer? Tina spielt Flöt, Markus Schlagzeug, mei Frå liest ä Gschicht vor, un isch, de Vatter, der kocht. Des Geschröj hät ihr mol höre solle. „Was glåbt en ihr, wie alt mir sen?“ Nadierlisch, des häwe mer ganz vergesse, die sen jo erwachse.

Siwe Tåg vorher: Endlisch rickt åner vun de Kinner raus, wie er sisch de Heilisch Owed vorstellt. „Alsou vun mir aus kann de Papa koche“, säscht de Peter, „an Feschtåg gibt er sisch Mih, do kann mer's gråd noch esse. Zum Helfe häwe mer awer kå Zeit, bloß dass des klar isch. Ja, un dann isch Bescherung, des isch doch die Hauptsach, odder net?“

Sechs Tåg vorher: Mir hängt des ganze Theåter zum Hals naus. Em liebschte dät i mit meinere Frå en's Hotel gehe – uhne die Kinner. Wu mer des gsåt häwe, häwe die sisch kå bissl ufgregt. D'Tina hot gmånt: „Wenn der d'Geschenker dolosst, kännt-er fåhre, ich iwernacht dann beim Christian.“ De Peter: „Isch geh dann en d' Bierbörs, do geht's wenischtens ab.“ Sogår de Kleenscht, de Markus, hot nix degeje ghat: „Dann kann isch wennischtens sou lang Fernseh gucke, wie isch will.“

Fünf Tåg vorher: Seit dere Drohung mit em Hotel hot sisch die Stimmung doch ä bissl verännert. De Markus werd de Weihnachtsbåm, den er eigentlisch vor uhnädisch hält, en de Stänner „nej klatsche“. Tina will de Båm kräne, awer blouß, wenn ere niemand neischwätzt, und de Peter will sogar freiwillisch Kischedienscht mache, awer blouß, wenn mer'n drå erinnert.

Vier Tåg vorher: Sou ganz newebei erfahre mer, dass sisch die Freindin vum Peter uf die Eilådung zum Esse freije dät. Em Markus seini will å kumme, awer beim Koche dut er uf kån Fall helfe, wie sieht en des aus?

Drei Tåg vorher: D'Modder isch fertisch mit de Nerve und isch geh zu meim Freund Ekki ä Bierle trinke, des Gebroddel vun de Kinner halt i nimmi aus.

Zwå Tåg vorher: Die letzschte Vorbereitunge låfe uf Hochtoure, es werd geputzt und Berge vun Lebensmittel eigekåft, nadierlisch vun meinere Frå. Die Buwe un isch sen voll mit dem Bsorje vun de Weihnachtsgschenker bschäftischt. Tina backt Weihnachtsgutsl, for ihrn Christian – isch därf die probiere, wu nix wore sen.

Ån Tåg vorher: Alles isch en Ordnung, wer hät en des gedenkt! Mei Frå hot ä Weihnachtsgschischt gfunne zum vorträre. Peter will tatsäschlisch de Heilisch Owed dähåm bleiwe, in die Keersch geht er awer uf kån Fall. Markus muss uf jeden Fall nå, weil er em Gottesdienscht mit seim Jugendorchester spielt. Tina will bis em achte dehåm bleiwe, damit ihr Eltern net sou ålå sen. Åschließend geht sie dann zum Christian, awer des geht niemand was å, säscht sie. Bloß isch, de Vatter, mäscht noch Stress. Isch such immer noch åner, wu mer beim Koche helft. „Was mäsch en du vor ä Gschiss?“, frogt de Markus. „Du musch doch blouß em Heilisch Owed, em erschte Feiertåg un em Sunntag druf koche!“

Heilisch Owed: Endlisch: Alles in Budder. Markus freit sisch iwer sei Geschenker, dass er sisch mol sou rischtisch satt essse kann un beim Koche net helfe muss. Peter freit sisch, dass er sisch vun jedere Ärwet erfolgreisch gedrickt hot. Un Tina, ja, die freit sisch vor allem uf ihrn Christian, nochher, wenn bei uns alles vorbei isch.

Un uf was freije mir uns, mei Frå un isch? Ja, doch, freije dune mir uns schun. Dass mir uns häwe, dass alle Kinner noch bei uns em Tisch sitze, un em allermeischte freije mer uns, dass mer iwer Silveschter ä pår Tåg Urlaub mache, em Hotel, mir zwå – ganz älå.

Was gibt's zum Gebårtstag?

Ursel: Wilhelm, du wåsch doch, was nächscht Woch isch?

Wilhelm: Nächscht Woch, isch do was Bsuners?

Ursel: Ah, jetzt schlägts dreizehne. Såg gråd, du hosch mein Gebårtstag vergesse.

Wilhelm: Ach was, isch doch net.

Ursel: Un warum hosch's dann nix gsåt?

Wilhelm: Dein Gebårtstag, des isch doch nix Bsuners.

Ursel: Ah, des isch jetzt awer die Höh, mein Gebårtstag un nix Bsuners. Awer deiner. Jedes Mol bisch beleidischt, weil isch der net mitte en de Nacht gratlier, wenn'd zum Pinkle nausgehsch. Un außerdem, du wåsch schun, dass des en runde Gebårtstag isch.

Wilhelm: Ach Gott, du wärsch jo schun 60. Ehrlisch, des kann i mer noch gar net sou rischtisch vorstelle.

Ursel: Widd du domit såre, dass ich jünger ausseh?

Wilhelm: Na ja, ...

Ursel: Ich frog mich als, warum isch ausgreschelt disch gnumme häb, wejem Charm kann's net gwesst sei.

Wilhelm: Dätsch jetzt mol rausricke, was mer eigentlisch såre gwodt hosch!

Ursel: Na ja, isch häb gedenkt, du mäsch der bestimmt Gedanke, was mer schenke känsch.

Wilhelm: Denksch du vielleischt, mir fällt nix ei?

Ursel: Ehrlisch gsåt, ja.

Wilhelm: Bsunere Färz mach i net, gråd dass'd s'wåsch.

Ursel: Un was håßt des?

Wilhelm: Also isch greif halt uf des zurick, was sisch en de Vergangeheit bewährt hot.

Ursel: Do ghärt awer de Kaktus, wu'd mer letschzt Johr geschenkt hosch, net däzu.

Wilhelm: Isch häb gmåndt, der hot der gfalle.

Ursel: Mei Begeischterung hot sisch en Grenze ghalte. Awer beim 60schte do dät i der de Kaktus en de Kopf schmeiße, der känt noch so schee sei.

Wilhelm: Des verschsteh i net. Wenn isch der ä Beißzang gschenkt hät, dann keensch die ufreje, awer sou ... Dann mach halt mol ä pår Vorschläg.

Ursel: Schmuck zum Beispiel.

Wilhelm: Schmuck, du hosch doch schun alles.

Ursel: Dass isch net lach, d'Ursel kriegt jedes Johr ä anners Stick, do känsch der mol ä Beispiel neme.

Wilhelm: Willsch sou aussehe wie die, die läft doch rum wie än gekrönte Pfingschtochs. Außerdem häb isch der mol ä wunerscheeni Perlekett gschenkt.

Ursel: Ja – vor 30 Johr.

Wilhelm: Do kannsch sehe, wie lang isch's schun mit der ausghalte häb. Außerdem hosch vun mir å Mol ä goldischs Armband kriegt.

Ursel: Rischtisch, vor 20 Johr. Jetzt kenn i di schun 45 Johr. En dere ganze Zeit hosch mer genau fünf Mol ä Schmuckstick gschenkt, do muss i awer de Ring aus de Wunertüt däzu zähle, wu i mit fufzehne gkriegt häb.

Wilhelm: Un was isch mit dene wunerscheene Ohrring, die häw isch noch nie an der gsehe.

Ursel: Des kann niemand, sou winzisch wie die sen.

Wilhelm: Un die goldisch Uhr, wu mi ä Vermäje gekoscht hot?

Ursel: Die hosch mer gschenkt än dem Johr, wu i der ausdricklich gsåt ghat häb, dass i kå Armbanduhr brauch. Isch kann Ådeitunge mache, wie i will, du widd mi åfach net verstehe.

Wilhelm: Isch häb's, isch gäb der Geld, dann kannsch eikåfe was'd widd un wu'd widd. Un isch mach nix falsch.

Ursel: Sou häwi's kumme sehe. S'geht doch net ums Geld. Es geht um des, wu mer spürt beim Schenke, um die Liebe. Awer do däfu isch bei dir schun lang nix meh zu spiere.

Wilhelm: Awer bei dir, wann hosch'en du misch zuletzscht spontan gekisst?

Ursel: Heite morje.

Wilhelm: Dass i net lach. Spontan und rejelmäßisch. Jeden Morje en Kuss uf'd Stern, des mäscht misch sou rischtisch å.

Ursel: Du kannsch ruhisch sei, än feierische Liebhawer bisch du å nimmi.

Wilhelm: Schwätze mir vum Sex?

Ursel: Nå, vun Liebe, awer den Unerschied kapiert ihr Männer jo nie.

Wilhelm: Un was hot des Ganze jetzt mit deim Gebårtstagsgschenk zu dau?

Ursel: Wenn mer sich liebt, dann schenkt mer mit Freude, dann sucht mer vor sein Schatz ebbes raus, was em Spaß mäscht, was sei Åre zum Leischte bringt.

Wilhelm: Un warum kann ich der dann kå Geld gäwe? Do seh isch dei Åre immer leischte.

Ursel: Nå, nå, was isch en blouß aus dem Mann wore, mit dem isch mol de Sternehimmel in de Nacht bewunert häb.

Wilhelm: Sei blouß ruisch, des wår ä uvergesslischs Erlebnis. Åschließend häw i ä Bloseentzündung ghat un mei House häw i en d'Reinischung dau misse, weil i mi en en Kuhplatscher nei gsetzt ghat häb.

Ursel: Am beschte wärd sei, du schenksch mer går nix, dann brauch i mi å net driwer ufzureje.

Wilhelm: Genausou wär i s'mache.
(zu sich selbst) Wenn i ere nix kåf, isch sie beleidischt. De neije Blumelade une em Dorf

hot wunerscheene Alpeveilsche. Isch wås jetzt blouß noch net, soll i ä routs odder ä weiß neme? Odder ä rosarouts? Odder vielleischt sogår zwå, immerhin isch's än runde Gebårtstag?

Kuhplatscher un Gaulsknottl

Jedes Mol, wenn die Flichtlingsfrå gekocht hot, isch d'Annelies Wipfler newe drå gstanne, damit die jo nix kaputt mäscht und nix vun ihrm Salz odder Zucker nemmt. Mit de Zeit sen die zwå dann doch mitänanner en's Gspräsch kumme. „Wenn mer d'Flichtling hört, sen sie all Gutsbesitzer gwest", hot Annelies vor sich gedenkt, wu sie zum hunerdschte Mol höre gmesst hot, was vor en grouße Baurehouf die Frau Rieger en Schlesie zurick losse gmesst hot.

Ä Johr spooter hot d'Annelies in ihrer Gutmidischkeit de Riegern ä Stick vun ihrm Gårte abgetrete. Des hot sie awer schwer bereut, wu sie gsehe hot, dass bei dere d'Kartoffl, d'Baune, d'Gellariewe un d'Zwiewl viel scheener kumme sen wie bei ihre. „Kå Wuner", hot sie gedenkt, die Saudeifel lieje Tag und Nacht uf de Lauer und hole sisch d'Gaulsknottl un d'Kuhplatscher vor'm Haus, kaum dass d'Kuh odder de Gaul sie falle glosst häwe.

Wu die Flichtlingsfrå mol widder d'Trepp nuf gschliche isch, hot se sie abgepasst: „Frau Rieger, so geht das nicht weiter. Die Gaulsknottl stehne allene Hausbewuhner zu."

„Na und", hot die fresch zurickgäwe. „Warum sammeln Sie diese nicht selbst ein?"

„Des isch awer jetzt die Höh! Bis isch den Besse und die Schaufl aus em Schopfe geholt häb, isch ihr Adölfl schun uf de Strooß.“

„Ich mache Ihnen einen Vorschlag zur Güte. Sie sammeln den Mist bis zum 12-Uhr-Läuten ein, und wir sind dann dran bis es dunkel wird.“ D’Annelies hot dem zugstimmt, weil sie beobacht ghat hot, dass die Viescher, wu mojens frisch vum Stalle kumme sen, sich meischtens vor ihrm Haus erleichtert häwe.

Eines Tags hot d’Annelies vum Kischefenster aus driwwe vor de Schul de neije Lehrer mit seinere Frå vum Leiterwårre vum Bauer Oswald runer krawle sehe. En dem Mument häwe die zwå Gäul ihr Schwänz ghowe un eiträchtig ån Bolle noch em anere rausgedrickt. „Des gibt viar Schaufle voll“, hot sie glicklich vor sisch nå gsåt.

Schnell hot sie d’Schaufl, de Kehrwisch un de Emer gholt. Gråd wu sie d’Hausdier ufgmacht hot, isch’s Adölfl d’Trepp runer gschosse. „Halt“, hot sie gschraue. „Des sen mei Knottl!“

Ruckartisch isch de Bu steh gebliwwe un hot de Kopf gschüttelt: „Nein, die gehören uns.“

Un dann hot å noch sei Modder vun de Trepp runa gschraue: „Frau Wipfler, es ist fünf Minuten nach 12, die Glocken haben gerade aufgehört zu läuten.“

Zornisch isch d’Annelies widder neigange un hot sauwidisch d’Dier zugeknallt: „Sou ä udankbars Volk, die Flichtling“, hot sie gebrodelt. „For die kann mer mache, was mer will, do kummt åfach nix zurick.“

Eines Morjens isch d'Annelies uf de Stroß schier mi'm Lehrer zsammegstouße, der genousou wie sie ä Schaufl, en Kehrwisch un en Emer däbei ghat hot.

„A was mache Sie do?", hot sie ehn erstaunt gfrogt.

"Was schon? Ich sammle Dung für meinen Garten."

Ä weitere Diskussion isch unnedisch gwest. Da die Knottl uf seinere Stroßeseit gleje sen, hot er's Vorrecht ghat. Der Tåg wår får d'Annelies gloffe.

Awer vun do ab isch sie uf de Lauer gleje und zwå Tåg spooter hot sie dann den sauwere Herr Lehrer verwischt, wie er uf ihrer Seit vun de Stroß en Kuhplatscher mit eme zufriedene Grinse uf sei Schaufel nufglupft hot.

Schnell isch sie nausgrennt und hot'en em Ärmel gepackt. „Sie, was sie da machen, ist nicht recht."

„Wie meinen Sie das?"

„Die Knottl stehne Ihne nur bis zur Mitt vun de Stroß zu."

„Und, wer sagt das?

„Des wår doch schun immer sou."

„Das interessiert mich nicht!"

D'Annelies isch wietisch en's Haus grennt und nuf zu de Riegern. Die hot sisch des alles genau åghört un hot'ere dann Rescht gäwe. „Wo kämen wir da hin, wenn jeder Knottl einsammeln würde, wo es ihm einfällt", hot sie gmånd. „Da müssen wir uns beim Bürgermeister beschweren."

„D'Flichtling sen doch net so bleed", hot do d'Annelies vor sisch gedengkt.

„Herr Lehrer“, hot de Biamåschter die Sitzung vum Friedensgericht eröffnet, „die beiden Damen hier, die Frau Wipfler und die Frau Rieger, führen Beschwerde über Sie. Von alters her ist es bei uns üblich, dass jeder vor seinem Haus de Mischt zwecks Düngung vun seim Gårde eisammle därf. Das Recht gilt bis auf die Mitte von der Stroß, genau wie die Kehrpflicht. Die Damen behaupten, dass Sie sich nicht daran halten. Was häwe sie däzu zu såre?“

„Herr Bürgermeister, das ist alles Quatsch, zum Lachen ist das. Die Straße ist öffentlich, jeder darf sie benützen und jeder darf den Mist aufsammeln, wo immer es ihm gefällt.“

„Herr Lehrer“, hot sisch do d'Frau Rieger eigmischt: „Wenn Sie auf der Straße einen 10-Markschein finden, wem gehört der?“

„Dem Eigentümer“, hot der schlagfertisch zurickgewe, „und nicht dem, der an der Straße wohnt.“

„Alsou, wenn des sou isch“, hot do de Beisitzer vum Gericht, de Bauer Oswald, gmånd, „dann muss isch å ebbes däzu såre: „Also des, was mei Gail falle losse, des ghört mir. Awer wenn isch's net eisammle du, dann verzischt isch druf. Isch des sou?“

Vun alle Seite häwe sie gnickt un de Bauer Oswald hot weiter gschwätzt: „Also, ehrlisch, mir isch des Ägål, wer den Mischt eisammelt, isch häb dehåm genung dävu.“

„Kollege“, hot sisch do de Biamåschter an sein Beisitzer gwandt, „des isch die Gesetzlosigkeit, die Anarchie, wenn des nimme gelte soll.“

En dem ganze Durchänanner-Gschwätz hot de Lehrer plötzlich gegrinst. „Also meine Damen und Herren, ich halte das ganze ja für Unfug. Aber vielleicht gibt es eine Lösung. Wenn Sie, Herr Oswald, so viel Mist haben, bringen Sie mir doch einfach eine Fuhre für meinen Garten, dann können die beiden Damen von mir aus auf meiner Seite der Straße so viel einsammeln wie sie wollen."

Do isch dem Bauer Oswald blitzartisch sein Seppl en de Sinn kumme, wu zum Lehrer en d'Schul gange isch, un dann hot-er ganz schnell zugstimmt. „Biamåschter, du wåsch doch, wenn isch ebbes vor d'Allgemeinheit dau kann, bin isch immer däzu bereit."

De Owed häwe dann all mitänanner em Gaschthaus zur Sonne beim Freibier vum Biamåschter beschlosse.

Wu zeh Johr spooter in aller Frieh d'Bulldog vor'em Kischefenster vun de Annelies vorbei gezorre sen, hot sie an die Zeit denke misse, wu sie sisch mit de Flichtlingsfrå un em Lehrer um d'Gaulsknottl und d'Kuhplatscher gstritte hot. Dass sisch d'Welt verännert hot, hot sie jo verstanne, awer dass seit Neieschtem die ganz wertvoll Suddelbrih vum Abort en d'Kanalisation nuner fließt, un dass mer Blaukorn kåfe muss um d'Erdbeere zu dinge, des hot ere net nuner wolle. „Friher häwe halt d'Leit doch mehner de Kopf eigsetzt beim Schaffe", hot sie gedenkt, d'Annelies.

D'Witwe Bolte

Stefan: Ilona, do geh mol her ans Fenster. Des musch gsehe hawe.

Ilona: Was gibt's en?

Stefan: D'Witwe Bolte verreist mol widder.

Ilona: Des därf jo net wohr sei. Un rausgeputzt isch sie! Seit de Hermann doud isch, lässt sie s'Vejelie pfeife.

Stefan: Guck ämol, wie sie s'Handdäschel schwenkt.

Ilona: Un beim Frisör isch sie å gwesst.

Stefan: Sieht mer des?

Ilona: Noch em Frisör isch ä Frå doppelt sou schee.

Stefan: Månsch? Do dät isch awer an deinere Stell mol de Frisör wechsle.

Ilona: Des blöde Gschwätz kannsch bleiwe losse. Guck ämol nå, wie ere de Ewald ens Auto hilft. Des isch halt en Kavalier alter Schule. Do keensch der mol ä Beispiel neme.

Stefan: Lumpespring mit de Witwe Bolte, des kann åner ganz schee fertisch mache.

Ilona: Waum säscht du immer Witwe Bolte zu de Gertrud?

Stefan: Des säscht mer halt sou zu ere alte Witfrå, wu noch Hiehner hält.

Ilona: Un was hot des mit de Hiehner zu dau?

Stefan: Kennsch du net die Gschicht von Max und Moritz? Die häwe doch de Witwe Bolte Stroisch gspielt, vor allem dere ihre Hiehner.

Ilona: Du hosch als kumische Gedånke.

Stefan: Und du bringsch misch zur Verzweiflung. Nemm doch net alles sou wörtlisch. Ich hät å die „luschtisch Witwe von de Gårtestroß" såre kenne.

Ilona: Såg gråd!

Stefan: Des isch jetzt aus ere Operett.

Ilona: Ja, s'isch widder gut.

Stefan: Sou ä Witfrå hot's fauschtdick hinner de Ohre.

Ilona: Loss dere Gertrud doch ihrn Spaß, die hot kå åfachs Lewe ghat un meener wie ä bissl schwätze will die net.

Stefan: 'S gibt Männer, for die gibt's kå Altersgrenz.

Ilona: Do ghärsch du awer net däzu.

Stefan: Wenn'd auswärts esse dusch, kummt de Appetit vun ganz allå.

Ilona: Än abgstorwene Båm kannsch gieße sou viel wie'd widd, der erwacht nimmi zum Lewe.

Stefan: Isch bleib däbei. Sie iwertreibt. Guck ämol, die isch kån ånzische Tåg dähåm. Muntags geht sie en's Seniorenturne, dienschtags mit ihre Freindinne esse, mittwochs bei ihrer Tochter Wäsch zsamme leje – un vor allem Kaffeetrinke, dunerschtags en de Altenochmittag, freitågs geht sie zum Metzger, do trifft sie immer ebber zum Schwätze, samschtags isch sie meischtens uf Kaffeefahrt und sunntags en de Kersch. Wenn'd sie bsuche widd, musch di vorher telefonisch åmelde.

Ilona: Bei dere Hitz isch sie jeden Tåg uf em Friedhouf gieße. Do kann sie dann dem Hermann alles verzähle, do hot der å noch was dävu.

Stefan: Die verzählt dem net alles, des kannsch glåwe. Do geh mol her, schnell, sie kummt schun widder zurick.

Ilona: Såg gråd?

Stefan: Un er, der alte Kerl, der träscht ere sogar die Eikåfstiete en's Haus.

Ilona: Sou ebbes kann mir net passiere. Do håßt's glei: „Tråg sie selwer, isch häb's em Kreiz."

Stefan: Wenn's nötisch isch, tråg isch alles, awer schikaniere loss i mi net.

Ilona: Do guck, de Ewald fährt schun widder fort.

Stefan: Du, do fällt mer ei, isch muss schnell was erledische.

Ilona: Un , was håßt des jetz?

Stefan: Nix, isch muss gråd mol schnell fort.

Ilona: Du kannsch mir doch såge, wu'd nå widd. Außerdem isch s'Esse fertisch.

Stefan: Du musch doch net alles wisse.

Ilona: Wenn'd net säsch wu'd nå gehsch, ess isch ällå.

Stefan: Isch, isch geh grad mol schnell niwer zu de Gertrud, was froore.

Ilona: Du!!!

Jedes Johr Gebårtsdag

Stunde Null: Die klå Melanie schreit sich die Seel aus em Leib, weil sie des wårme Paradies verlosse gmesst hot, wu's alles gewe hot, was sie zum Lewe gebraucht hot.

1. Gebortståg: Die Oma, d'Mama vum Papa, behaupt, dass d'Melanie ganz de Papa wär. All nicke sie, un kåner glåbt's.

2. Gebortståg: Die Melanie kummt aus em Staune net naus. Papa, Mama, Opa, Oma, Unkel, Tante, all bringe sie Geschenker.

3. Gebortståg: Vun de Oma und em Opa kriegt sie en Puppewarre. Wu sie all mitenanner beim Kaffeetrinke sen, schleischt d'Melanie mit ihrm Kaarsch naus uf d'Stroß un geht ganz langsam ruf un runer, damit sie jo vun allene Leit gsehne werd.

4. Gebortståg: Die viele nasse Kiss, wu die Unkel un Tante de Melanie uf die Back drücke, reje sie uf. Kenne die sisch beim Klapperstorch net selwer ä Kind bstelle?

5. Gebortståg: „Mehner wie å Kind kannsch en dene heitische Zeite nimmi krije", sen sisch die viele Moddere

ånisch, die zum Kinner-Gebårtstag kumme sen. Dass sich d'Melanie ä Briederle zum Geburtstag gwünscht ghat hot, werd net diskutiert.

6. Gebortståg: Em allerliebschte hot d'Melanie de Papa. Wenn sie mol grouß isch, dann heiert sie den å.

7. Gebortståg: Die Buwe låd sie des Mol zum Kinner-Geburtståg net ei, weil die sou fresch sen.

8. Gebortståg: Die Erwachsene verstehne net, warum sie mit dem Handy vun ånere Eck vum Zimmer zur anere mit ihrm Couseng David telefoniere muss, awer des isch sie gwehnt, dass die net alles verstehne.

9. Gebortståg:. „Für uns kommt nur das Gymnasium in Frage", säscht ihr Modder beim Gebårtstagskaffee. „Die soll mol ebbes Gescheits wäre", unerstützt d'Oma. „Doktor odder Advokat", gibt die anner Oma ihrn Senf däzu. Dass die Note en Deitsch un Mathematik net sou gut sen, des wär kå Hinnernis, vor was gibt's en Privatschule?

10. Gebortståg: Die ganz Verwandtschaft will wisse, wie's ere in der neije Schul gfällt. Wu de Bsuch dann fort isch, schließt sie sich in ihrm Zimmer ei un heilt, weil ihr Freindin Nathalie en d'Realschul geht un sie nimmi zsamme sen.

11. Geborstsåg: „Ich sorig schun dävor, dass die net sou schnell än Freund hot", gibt de Papa vun sich, wu d'Oma månt, dass d'Melanie ä junge Dam wore isch. D'Melanie selwer kann sisch iwerhaupt net vorstelle, was mer mit sou eme Bu åstelle keent, sou dabbisch wie die sen.

12. Geborstsåg: Uf de Papa wård Melanie de ganze Tåg umsunscht. „Wenischtens telefoniere känt-er", denkt sie. „Der isch mit seinere Freindin beschäftigt", brummt die Oma.

13. Geborstsåg: Sie kriegt ä Paket mit em Papa seine alte Kinnerbischer. Vor mehner dät's net lange, bei dem viele Unerhalt, wu er zahle meest – steht en seim Brief.

14. Geborstsåg: Immer hot ihrn Papa gsågt, sie wär sein Liebling, un jetzt lässt er sich net blicke! Ob er bös mit ere isch, weil sie in letschter Zeit öfter mol mit de Buwe zsammesteht?

15. Gebårtsåg: Als Gebårtstagsgeschenk geht ihrn Vatter mit ere Pizza esse. Sie find, dass der, trotz seim hohe Alter vun 43 Johr, immer noch gut aussieht. Die blöd Kuh vun Elisabeth, sei „Lebensgefährtin", hot den iwerhaupt net verdient.

16. Geborstsåg: Zu ihrm Vatter geht sie blouß, um de Zuschuss vor de Motorroller abzuholle. En dem seinere

neije Familie interessiert sich kåner vor sie. All schwänzle sie um den klåne Schreihals, ihrn Stiefbruder rum.

17. Gebortståg: Den hot sie en de Garage vum Thomas seine Eltern gfeiert. Alle Buwe häwe sie beim Gratuliere gekisst. Un äm Schluss hot sie de Thomas dann håm gebrocht.

18. Gebortståg: Rischtisch schee werd's erscht, wu sie oweds mit em Thomas ällå än ihrm Zimmer isch. Awer des geht niemand ebbes å.

19. Gebortståg: In dem Johr låft alles schief. De Thomas mäscht kurz vor ihrm Gebortståg mit ere Schluss, un ihr Modder hot kå Zeit for sie, weil sie die „Liebe ihres Lebens" kenne glernt hot. Åner wu gern wannert und Volkslieder singt!

20. Gebortståg: Des erschte mol feiert d'Melanie so wie sie will, un mit wem sie will. Zu sechst hocke sie in ihrer Bude, em Studenteheim en Mannem, un trinke alles durchänanner, halt des, was jeder mitgebrocht hot.

21. Gebortståg: Sou wie en de Mark wår sie noch nie verliebt. Noch em Exame geht der en de Entwicklungsdienscht – un sie geht miet. S'Studium kann sie dann halt net fertisch mache!

22. Gebortståg: Die Melanie kann's schier net glåwe, die Modder hot ihrn Vatter mit seinere Frå un den glåne Steffen zum Gebårtstag eiglåde. S'wär alles en Butter gwesst, wenn de Mark net korz vorher noch Afrikå gange wär – uhne sie.

23. Gebortståg: Ihr Groußeltern von hiwe und driwe häw-ere sou viel Geld gschenkt, dass sie do dävu ä Woch em Ferieclub uf Mallorca verbringe kann.

24. Gebortståg: Die Melanie sitzt em grouße Tisch em Esszimmer vum Kinnerheim Sonnenblume. En dem Mument reißt sie des Gschroi vun dere klåne Nathalie aus ihre Gedanke. De Schroijhals isch ausgrechnet heit en ihrm Gebårtståg nei däzu kumme. Sie seifzt un nemmt den klåne Worm aus em Bett uf de Årm.

Kåner hot en wolle! „Awer isch will disch", säscht d'Melanie leis und lacht die Nathalie å. Do hört die Krott uf zu heile un guckt sie mit grouße Åre å, un sie kriegt ä wunerbars Gfühl em Bauch. Ob sie vor 24 Johr å sou en goldische Spatz gwesst isch?

Jetzt, noch 24 Johr, wåß d'Melanie endlisch, wu sie någhört und was vor en Weg sie en ihrm Lewe geh will. Sie isch erwachse wore.

Zeh Gebote vum Sportverei

D'Walking-Grupp trifft sisch zum Låfe.

Trainer: Leit, isch häb was zu såre, passt åmol uf. Weil em Vorstand verschiedene Fäll der Umoral zu Ohre kumme sen, hot er einen Verhaltenskodex erlasse, an den sisch en Zukunft alle Sportler zu halde häwe.

Brigitte: Was isch'en des, en Verhaltensdingsdo?

Trainer: Du kannsch des åfach „die 10 Gebote for Sportler" nenne. Alsou isch lees mol vor! Erschtens: Das gemeinsame Duschen und gegenseitige Abseifen mit Mitgliedern eines Gastvereins ist nur erlaubt, wenn der vom gleichen Geschlecht ist. Dies gilt vor allem für Volleyballer.

Helmi: Un die anere därfe des?

Trainer: Frog net sou blöd! Zweitens: Beim Walking darf nicht so laut geplaudert werden, dass Fuchs und Has Reißaus nehmen.

Elke: Des gilt vor allem for die Dame!

Trainer: Drittens: Sportkameraden, die nach dem Training und dem gemeinsamen Bier im Vereinslokal nicht zur eigenen Ehefrau heimfahren, sind dem Vorstand zu melden.

Manfred: Gilt des å for Vorstandsmitglieder?

Trainer: Sågt åmol, misst ihr zu allem eiern Senf däzu gäwe? Viertens: Wer bei Wettkämpfen den Gegner mit Dreckbollen bewirft, muss diese auch wieder vom Spielfeld entfernen.
Fünftens: Sportler mit Schweißfüßen müssen sich vor und nach den Wettkämpfen duschen. Des Wort „und" isch unerstriche.

Christa: Un was isch mit dene, wu sisch weigere?

Trainer: Was wåß en isch! Sechstens: Dem Gegner ist bei Wettkämpfen immer mit Achtung zu begegnen. Deshalb ist der Stinkefinger immer nur hinter dem Rücken des Schiedsrichters zu zeigen.
Siebtens: Gleichgeschlechtliches Küssen und Kosen ist nur bei Fußballspielen erlaubt.

Brigitte: Die Fußballer krieje immer ä Extrawårscht.

Trainer: Achtens: Das Bewerfen der Schiedsrichter mit Tomaten ist nur erlaubt, wenn diese reif sind.

Walter: Damit-er kå blooe Flecke kriegt!

Trainer: Neuntens: Dopingmittel sind strengstens untersagt. Eine Liste von Mitteln, die bei den Tests noch nicht festgestellt werden können, liegt dem Vorstand vor.

Helmi: Fahrrådfahrer vor!

Trainer: Zehntens: Beim Bunten Abend ist Anwesenheitspflicht für alle ledigen weiblichen und alle verheirateten männlichen Mitglieder.

Lebensabschnittspartner und ähnliche Subjekte sind von der Veranstaltung ausgeschlossen.

Walter: Des såg emol meinere Frå!

Brigitte: Du glåbsch doch net, dass isch misch uf so än Mischt eiloss.

Helmi: Do hosch rescht. Der Vorstand kann uns ämol.

Elke: Die mache sowieso gråd was sie wolle.

Manfred: Un halte sisch selwer dreimol net drå!

Trainer: Alsou Leit, låfe mer noch ä bissl?

Elke: S'dut mer schrecklisch Leid, unser zwo Stunde sen rum, isch muss håm, mei Hausärwet schaffe.

Christa: Was, schun? Mir sin jo noch gar net gloffe vor lauter schwätze.

Brigitte: Isch bin schun ganz kaputt, isch muss ufhöre.

Manfred: Awer net vum Låfe.

Christa: Nå vum Babble.

Helmi: Alla dann, schee wår's.

Brigitte: Do hosch rescht, jetzt wås mer wennigschtens widder, was sou alles lous isch em Dorf.

Grouße un klåne Sinde

Åmol en de Woch häwe mir Drittklässler em Åbau vum Pfarrsaal Religion ghat. Eines Tags, kaum häwe mer stehend die Religionslehrerin mit „Grüß Gott Fräulein Klara“ begrießt un uns någsetzt, hot sie de Rudi niwer en's Pfarrhaus zum Pfarrer gschickt. Rotz un Wasser heilend isch der zurickkumme un hot gsåt „De Hans soll niwer kumme!“. Des Fräulein Klara hot en aller Ruh gwåd bis de Zwote drauß wår, dann hot sie weiter vun „Du sollst Vater und Mutter ehren“ gschwätzt. Wu dann s' Ernstl schließlisch niwer gmesst hot, wår mir klor, dass isch de Näschte sei wer. Die drei wåre nämlisch mei Freind.

Zum Glick kann bei uns Katholische jeder sou viel sindische wie-er will, Hauptsach er dut des beichte und mit gute Werke abbieße. For unsern Pfarrer Walter hot zu de gute Werke bei de Fraue des Singe em Kersche-chor odder s'Kuchebacke beim Pfarrfescht gezählt. Vor d'Mansleit wår des ä bissl anerscht. „Wer kickt, der sündigt nicht!“, wår dem in ganz Deitschland bekannte „Fußballpfarrer“ sein Leitspruch.

Die 30 Meter zum Pfarrhaus wår de schlimmschte Gang en meim bisherische Kinnerlewe. Ganz vorsischtisch häw isch an de Dier zum Arbeitszimmer geklopft un ghofft, dass misch, de Herr Pfarrer, gar net höre dut.

Wu er dann laut „Herein“ grufe hot, isch mer’s Herz vollkumme en die House grutscht. Do häw isch glei mol ågfange zu heile, dass isch schier des „Gelobt sei Jesus Christus“ net rausgebrocht häb, wu mer bei em såre gmesst hot.

„In Ewigkeit Amen. Komm näher, da stell dich hin.“ Er hot vor sein Schreibtisch geditte. Ä bissl leischter um’s Herz isch mer’s wore, wu isch kån Stock gesehe häb.

Vun de grouße Buwe häw isch nämlisch gwisst, dass, wenn mer was ågstellt hot, domit verbatscht wore isch. Mansche häwe sogår behaupt, dass des ä bissl zu kårz grotene Männl dodäbei uf en Stuhl nufstehe un runerspringe dät.

„Bereust du, was du gemacht hast?“, hot-er streng gfrogt.

„Ja, Herr Pfarrer“, häw isch schnell gsåt un häb noch ä Stuf lauter gheilt. Isch häb zwar kå Ahnung ghat, vun was er’s hot, awer bestimmt wår’s was ganz Schlimms. Vielleischt des Wettpinkle uf die Tomate vun de Tante Erna odder dass mir beim Bauer Guschtl dem Fassel beim Bespringe von de Kuh zugeguckt häwe. „Ich werde es auch nicht mehr tun!“, häw isch voller Inbrunscht erklärt.

Åscheinend häw ich des Rischtische gesåt, sein strenge Blick mit de tiefe blooe Åre uner de buschische Ågebraue isch ä bissl sanfter wore. „Wie könnt ihr nur so etwas über eine Schulkameradin sagen?

Isch häb gnickt un reumietisch de Kopf gsenkt. Mir schwätze eigentlisch oft iwer die dabbische Mådlin.

Awer seit wann isch en des verbotte, isch mir durisch de Kopf gange.

„Ihr könnt doch nicht einfach behaupten, dass Irma ein Kind bekommt!"

Was wår'en jetzt dess? Des solle mir gsåt hawe? Vielleicht häwe mer mol driwer gschwätzt, awer rischtisch behaupt, nå, des häwe mir net. Des wår nämlich sou: De Reinhard hot uns anere erklärt, dass ä Kuh erscht Milch gebt, wenn sie gekalbt hot. Un irgendwie isch uns do die Irma eigfalle, die ånzisch in unsere Klass, wu schun ä Bruscht ghat hot – un was vor åni! Viel mehner wår do net. Jetzt isch mir å kumme, warum die Irma en letschter Zeit net en d'Schul gange isch. Die hot sisch bstimmt gschämt. Weil, ledisch ä Kind krije, des wår die gröscht Sind vun allene. Die hot mer net ämol mit Fußballspiele gut mache kenne. Des alles isch mir durch de Kopf gschosse, währenddesse de Herr Pfarrer mir ä Predischt iwer die „üble Nachrede" un die „Sünde der Unkeuschheit" ghalte hot. Isch häb alles geduldisch iwer misch ergeh losse, häb eifrisch gnickt, wu er gfrogt hot, ob isch alles verstanne häb, un em Schluss häw isch å noch hoch un heilisch Besserung versproche. Un wie mei Freinde å bin i mit eme verheilte Gsischt zurick en'd Klass gschlische.

Dehåm beim Mittagesse wår d'Luft ufglåde wie vor eme Gwitter.

„Mach un ess!", hot misch mein Vatter ågekotzt, wuer gsehe hot, wie isch mim Löffel en de Supp rumgriert häb. Drei Sekunde spooter isch-er geplatzt: „Mein Suhn behaupt, dass Wagners Irma ä Kind kriegt. Bisch du noch ganz gebacke? Wie kummsch'en du uf sou en Scheißdreck?" Ä Antwort wär zu dem Zeitpunkt en Fehler gwesst.

Wu isch vorsischtisch houchgeguckt häb, hot mein Vatter ausglangt un mir ä Batsch voll en's Gsischt gäwe, dass de Suppelöffel dursch'd Gejend gflorre isch. Dann isch-er ufgsprunge un hot mit zwå Händ uf misch neigedrosche. Noch ere Weil isch-er erschöpft uf de Stuhl gsunke.

„Reg disch doch net sou uf!", hot-en mei Modder beruhischt. Un nochdem isch mir die Nas geputz ghat häb, hot sie gfrogt: „Wie seid-en ihr Buwe iwerhaupt uf sou en Blödsinn kumme?"

„Ich wåß å net, vielleischt weil die Irma sou ä groußi Bruscht hot."

Sisch iwer die Bruscht vun eme neujährische Mådl zu unerhalde, hot meim Vatter schun dreimol net gepasst, deshalb hot er schnell zu meinere Modder gsåt: „Es werd Zeit, dass du den Buu ufkläre dusch."

Die hot gnickt un s'Flåsch un Gemies uf de Tisch gstellt. Vun do ab wår die Welt widder in Ordnung. Die zwå häwe sisch dann iwer alles Möglische unerhalte, wie wenn nix gwesst wär. Un miesch häwe sie en Ruh esse losse. Die Aussicht, endlisch zu erfåhre wie die klåne Bobbelin en de Bauch von de Moddere kumme, hot misch schnell iwer die ganz Ufregung hinweg getröscht.

Jungi Modder

Ä jungi Modder isch uf Ausflug mit em Mütter-Verei und telefoniert mit ihre zwå Kinnerlin dähåm. Un de Eugen gibt sein Senf däzu.

Modder: Ah Nicolsche, do bisch jo endlisch. Warum bisch'en net drå gange? Isch häb bestimmt schun zeh mol ågrufe.

Eugen: Wisse Sie, die jung Modder do isch's erschte Mol mit dem Mütter-Verei uf de Ausflug gange und hot ihr Kinnerlin ganz alå dehåm losse misse.

Modder: Was hosch gsåt? Du hosch nix ghört. Ah, warum dann des, isch de Fernseh zu laut?

Eugen: Wisse Sie, de Roger, ihr Biewl, isch dreizehne un ihr Nicolsche fünfzehne, un des isch ä ganz gfährlischs Alter.

Modder: Ja was hoschen de ganz Mittåg gschafft? Ah, bei de Hausaufgabe bisch. Bis jetzt! Do bisch awer fleißisch gwesst.

Eugen: Häwe Sie den Stå ghört, wu de Modder vum Herze gfalle isch?

Modder: Ja, wen hört mer-en do im Hinnergrund, isch des dei Briederle? – De Denis isch des. Isch des en Schulkameråd vun dir? Was! Zwå

Klasse iwer dir? Ja, un was mäscht der bei uns? – Ah, bei de Hausaufgabe helft-er. Des isch awer schee vun-em.

Eugen: Also des Nicolsche, des isch noch ä ganz bråvs Mådel, bussiere dut die noch net.

Modder: Was hosch gsåt? Ah, isch versteh, in Biologie gibt der de Denis Nochhilfeunerricht. En de Anatomie des menschlichen Körpers kennt er sisch bsuners gut aus! Ja gut, wenn disch des weiter bringt. Hauptsach, du lernsch ebbes bei em.

Eugen: Wie gsåt, vum Bussiere will des Nicolsche noch nix wisse.

Modder: Was ganz anerschts. Hosch du gsehe, dass isch eisch Schweinebrode, Kläß un Salat nå-grischt häb. – Waas? De Schweinebrode hosch net gfunne, un de Salat war net ågmacht? Ja, um Himmels wille, was hät-er dann gesse?

Eugen: Alsou, wenn die Kinnerlin net ihr Mama häte, däte die glatt verhungere.

Modder: Pizza vum Pizzadienst hät-er kumme losse? Do guck nå, ihr hät eisch zu helfe gwisst. Isch bin rischtisch stolz. – Kannsch mer jetzt mol mei Biewl an's Telefon holle?

Eugen: Wisse sie, de klåne Roger, des isch en ganz Sensible, der kann des går net verträre, wenn sei Mama fort isch.

Modder: Was, des geht jetzt net? Warum kann-er net ans Telefun kumme? Ja um Gotts wille, isch was bassiert? – Waas, der dut gråd ä Raket baschtle? Ja, isch des ä Hausufgåb? Des hot nix mit de Schul zu dau? Ja, wieso kann der dann ä Raket baschtle? Ah, isch versteh, aus em Internet hot der des.

Eugen: Sie glåwe jo net, wie gscheit der isch, der Roger. Des isch en Supergescheite, en Iwerflieger. Än Hochbegabte, wu unerfordert isch, hot de Psycholog gsåt, wu er d'Klass wiederhole gmesst hot.

Modder: Hallo Groußi, bisch noch drå? Dein Bruder isch halt ä Genie. Hot de Papa gsehe, was er gebaschtelt hot? – Waas, der hot bloss kårz bei eisch neigeguckt. Ja wieso-en des? Isch häb gedenkt, der gibt heit uf eisch acht? – Ah, der isch bei de Susanne, de Nachbarin driwe. Do hot er awer Rescht, dass er dere ä bissl Gesellschaft leischte dut.

Eugen: Wisse Sie, die Susanne isch ä junge Frå en de Nachbarschaft. Sou ä jungs Mådl, um die muss mer sich doch kümmere! Odder net?

Modder: (reißt das Handy vom Ohr, schaut es von allen Seiten hektisch an und reibt sich das Ohr). Nicolsche, Nicolsche, bisch noch drå? Såg emol, was isch en des vor en Krach gwesst? Des hot ma jo schiers Ohr abgrisse. Ah, ... de Start vun de Raket hot geklappt. Do bin i awer erleischtert.

Eugen: Jetzt kann die Modder in aller Ruh mit ihre Freindinne noch ä Runde Oierlikör trinke, jetz wu sie wååß, dass ihr ganzi Familie mit lauter nützliche Sache beschäftigt isch.

Ufklärung 1953

Eines Tags hot sisch mei Modder zu mir an de Kischedisch gesetzt un mir erklärt, dass sie misch jetzt ufkläre wood. Mit route Backe hot sie ågfange vun ere Bien zu verzähle, wu en ä Bliet neiflliegt, die dann bestäubt werd. Un do drauß dät dann ä Frucht wachse, die mer esse kann. Gspannt häw i druf gwåd, dass des kummt, wu isch noch net gwisst häb, weil die Gschischt vun de Biene, des häw i schun en de Schul ghört. Awer nix wår's. „Sou, jetzt wåsch Bescheid", isch sie ganz schnell zum End kumme.

Do häw isch mei ganzi Courage zsammegnumme un gfrågt: „Un wie kumme die Bobbelin en de Bauch?"

Isch häb gsehe, wie's en ihrm Kopf gschafft hot un ihr Backe immer röter wore sen. Un dann hot sie sisch en Ruck gewe: „Wåsch, wenn de Papa un die Mama sisch ganz årig lieb häwe, dann dut en de Mama ihrm Bauch ä Bobbele wachse. Zuerscht isch's ganz klå, dann wärd's immer größer un noch nein Munet will's raus."

„Un wie geht des?"

„Wenn des Bobbele grouß un kräftisch isch, dann geht de Bauch vun de Mama uf, un es krawelt raus."

Jetzt endlisch wår isch ufgeklärt!

Wu mei Freind un isch mol widder driwer diskutiert häwe, hot de Reinhard behaupt, dass des bei de Mensche wie bei de Hund wär: De Mann dät de Pimmel en die Frå neistecke un zwar do, wu sie Pipi mäscht. Un de Hans hot gwisst: „Ä Kind kriegt sie blouß, wenn de Mann neibrunst." Des hät-em sein Bruder verroode.

„Un wenn des Bobbele grouß isch, dann kummt's do widder raus, wu er-en neigsteckt hot", hot's Ernstl sein Senf däzu gewe.

Jetzt hot mei Stund gschlåre. Des mit de Hund isch ganz falsch, häw isch meine Freind erklärt. Ä Bobbele kriegt mer blouß, wenn mer sisch årig lieb hot, des hät mir mei Mama verroode, un die meest des jo wisse. Un dann, noch nein Munet geht de Bauch uf un es krawelt raus. Dort, wo die Mådlin Pipi mache, isch do dävor gar kån Platz. For misch wår des ganz logisch, awer mei Freind häwe mehner dere Versiun von de Hund geglåbt.

Ä pår Woche spooter hot sisch mei Modder widder mit mir an de Kischetisch gsetzt. Isch wår ganz ufgregt, jetzt säscht sie mer bestimmt, wie's wirklisch isch. Un dann kenne misch mei Freind nimmi auslache! Awer ganz dänewe: Jetzt hot sie mer, widder mit route Backe, verroote, dass isch eme halwe Johr ä Briederle odder ä Schweschterle krieje dät.

„Un wie isch des nei kumme?", häw isch mutisch gfrogt, un bin å glei mim Stuhl vun ere weggrutscht, weil sie schlagartisch sou wietisch wore isch, dass ä Ohrfeig fällisch wår. Em letschte Mument hot sie sisch awer zsammegrisse un eme Ton, wu weitere Froore unnetisch wåre, gsåt: „Reg misch jo net uf, des häw isch der doch alles schun erklärt!“ Dann isch sie hektisch ufgstanne un aus de Kisch nausgrennt.

Do isch’s en meim Kopf rund gange: Was stimmten jetzt? Dass de Bauch ufgeht? Un ob des mim Neikumme doch wie bei de Hund isch? Vielleischt will mei Modder blouß net driwer schwätze, weil’s ä Sünd isch, vielleischt „Unkeusches in Worten und Werken“?

Em nägschte Tåg häwe isch’s gmacht, wie all en meim Alter: Ich häb ä pår ältere Buwe gfrogt. Wu isch dann endlisch verstanne ghat häb, was die Männer und Fraue mache, bevor ä Bobbele kummt, häw isch misch en de Bodde nei gschämt, dass des mei Eltern en ihrm Alter noch gmacht häwe, – åmal uf jeden Fall.

De Owerufseher werd pensuniert

Zwå Beamte unerhalte sisch em Gefängnis Fauler Pelz en Heidelberg.

Valentin: Hosch schun ghört, unser Chef, de Stefan, geht en Pensiun.

Frieder: Do gibt-er doch hoffentlisch åner aus.

Valentin: Wer wåß, was nochkummt, en's Schwitze sen mer bei dem uf jeden Fall net kumme.

Frieder: Der werd å net umsunscht pensionniert. Der hot's årig em Kreiz.

Valentin: Månsch? Kriegt mer des vum viele Sitze?

Frieder: Alsou, vum Bicke kann's bei dem net sei.

Valentin: Des isch wohr. Wenn der ebbes uf em Gang lieje sieht, dann schreit er noch em nägschte Gfangene, guckt bös un zeigt mim Finger uf den Fetze Papier. Sogår d'Auslänner verstehne des.

Frieder: Sou musch sei als Ufseher. Immer d'Bruscht raus un en strenge Blick, schunscht horsche sie da net, die Bagasch.

Valentin: Jetzt hör mål uf zu läschtere. Zu seim Abschied messe mer uns ebbes eifalle losse, schunscht gibt's kå Freibier.

Frieder: Ä extra guts Esse kännte mer for'ehn bstelle.

Valentin: Des isch vor den nix Bsuners. Der lässt sisch jeden Tåg s'Esse ens Büro bringe. Schnitzel sou groß, dass sie hiwe un driwe vom Teller nuner hänge. Und dann säscht er zum Kalfaktor: „Sie können einschenken". Der fiehrt sisch uf, wie wenn' er em Hotel Ritter wär.

Frieder: Såg blouß! Awer isch bleib däbei, ä guti Mahlzeit wär schun was, sou gern wie der isst.

Valentin: Ja, wenn de Schmücker noch en de Kisch schaffe dät! Der hot aus nix ä Delikatess gmacht. Bei seine Nochfolger gibt's halt bloß noch Hausmannskoscht.

Frieder: Wenn's nix koscht, schmeckt å d'Hausmannskoscht.

Valentin: S'langt widder mit deine Sprüch.

Frieder: Såg mol, was isch en des vor en Schmücker, vun dem du do schwätzsch?

Valentin: Den kennsch du net? Des isch doch der aus Ettlinge mit seine 1.000 Bohrer, wu blouß 10 gwesst sen. Sou wie der aus nix Geld gmacht hot, sou hot er å en de Gfängniskisch gekocht. Wu-er entlasse wore isch, isch drauß schun s'Empfangskommitee gestanne un hot'em en neije Job ågebote.

Valentin: Wer? D'Mafia?

Frieder: Nå, die vun de Induschtrie. Åner, wu d'Politiker, d'Gwerkschafte, d'Banke un vor allem s'Finanzamt bescheiße kann, den find mer net so schnell widder, hot's ghåße.

Valentin: Zurick zum Themå. Isch denk, mer organisiere en Tåg, wo unser Owerufseher mol so rischtig de Boss raushänge kann.

Frieder: Do fällt mer glei was ei. Mer losse die Gfangene all mitänanner morjens um sechse raustrete weje Ausbruchsalarm.

Valentin: Un er därf dann die Rottl abschreite, wie en General.

Frieder: Wenn sie all widder drin sen, dann müsse sie weje Feieralarm rausspringe.

Valentin: Un dann sou schnell wie meeglisch widder en'd Zimmer weje Luftalarm.

Frieder: Was for en Luftalarm? De Krieg isch doch schun iwer 60 Johr vorbei, mit dem kannsch nimmi kumme. Awer Laus-Alarm, des wär's doch!

Valentin: Laus-Alarm, was kannsch en do draus mache?

Frieder: Do wäre sie all nackisch åtrete glosst und kalt abgspritzt.

Valentin: Des isch höschtens bei de Dame-Abteilung interessant, awer doch net bei unsere Säckel.

Frieder: Isch häb ä besseri Idee. For was häwe mir sou en scheene Houf? Do isch en Haufe Platz. Do keente mer doch ä Knascht-Party feiere. Do häte all was dävu, des wär å was Soziales for unser Dauergäscht.

Valentin: Isch kenn ä Bänd, die will schun lang ämol ä Benefiz-Konzert mache. Mir tanze dann mit unsere Kolleginne, und d'Gfangene derfe von de Fenster aus zugucke.

Frieder: Un bei de weiblische Gfangene treiwe mer bschtimmt åni uf, die strippe kann. Do wär de Bär louß.

Valentin: Nå, des isch kå guti Idee. Bei dem seinere Verabschiedung isch Dezember un do isch's doch saukalt.

Frieder: Isch häb's. Mer losse zwå låfe wie letschts Johr und schieße hinner her.

Valentin: Awer net, dass was passiert.

Frieder: Sou wie mir schieße, treffe mer beschtimmt kåner. Un dann keente mer noch ä bissl Leischtmunition nausballere. Was månsch-en?

Valentin: Findsch des net ä bissl iwertriewe? Wenn d'Leit erfahre, dass mir sou feiere, dann werd grad widder iwer de öffentlische Dienscht hergezore.

Frieder: Ach was, mir setze gråd en'd Zeitung, des wär ä Übung for die nägscht Schlossbeleischtung. Außerdem, wenn mer mol widder zwå låfe losse, krieje mer å Freikårt von de Russe-Mafia.

Valentin: Freikårte, for was?

Frieder: Ah, for des gewisse Haus in de Entemann-Stroß. Beim letschte Betriebsausflug häwe mer doch en Abstecher nå gmacht. Såg grad, du hosch des vergesse?

Valentin: Isch wåß net, for den alde Kerl isch des doch kån Spaß meh.

Frieder: Warum? Dann kriegt er halt ä Schachtl Viagra däzu.

Valentin: Mensch, schwätsch du en Scheiß. So en Gfangeneausbruch verlangt Eisatz, do muss er sisch beweje. Und des isch åfach zu viel vor en. – Des mache mer net.

Frieder: Ja dann werd's net åfach mit dem Gschenk.

Valentin: Isch häb's. Der kriegt en Gutschei.

Frieder: En Gutschei vor was?

Valentin: Den losse mer umsunscht en ere Zell wuhne, natirlisch bei voller Verpflegung.

Frieder: Des passt, er hot doch immer gesägt, en seim Ruhestand will er bloß noch esse, schlofe und spazieregeh.

Valentin: Un des kriegt er vier Woche lang, alles für umsunscht.

Frieder: Un was isch mit de Weiwer?

Valentin: Des, hot er gsägt, wär en seim Alter nimmi s'Wichtigschte. – Also häm'ers, odder?

De heilische Nikolaus

Weil mir vun unserer Vewandtschaft die gräscht Wuhnung ghat häwe, sen bei uns em Nikolausowed die ganze Unkel und Tante, Couseng un Cousine versammelt gwesst. Ewisch lang häwe mir Kinner wåde messe, bis es dann irgendwann uf de Trepp gepoltert hot. Reikumme isch en grouße ernschte Mann mit ere Bischofsmitz un eme weiße Rauschebart. En dem Johr wår å noch de wilde Knescht Rupprescht däbei, wu mit enere Eisekett grasslt hot. Mir Kinner häwe uns an unsere Moddere någedrickt, voller Ängscht, was do uf uns zukumme werd. Nochdem de heilische Nikolaus uns mit tiefer Stimm begrießt ghat hot, hot er sein schwere Sack absgsetzt un sei grouß Buch rausgholt, en dem unser Sinde drin gestanne sen.

Als Erschter isch mein Couseng Elmar dråkumme. „Ist das wahr, dass du die Mädchen immer an den Zöpfen ziehst?" De Elmar hot mit de Träne gekämpft un gnickt. Do hot en de Knescht Ruprecht gepackt un sein grouße Sack ufgmacht. De Elmar hot gestrampelt un Mordio gschraue. Isch häw-en schun drin stecke seh. De Oma hot der arme Bu leid gedau. „Liewer Nikolaus", hot sie gsåt, „der Bu hot å sei gute Seite, der lässt beschtimmt die Mådlin en Zukunft en Ruh."

„Lass in los!", hot do de Nikolaus em Knescht Ruprecht befohle, un der hot en gråd uf de Bodde plumse losse. De Elmar hot sisch awer blitzschnell ufgrappelt un mit laute Schluchzer Besserung versproche. „Da seht ihr, was passiert, wenn ihr den Eltern nicht gehorcht, brav und gottesfürchtig seid!", hot do de heilische Nikolaus verkind. En dem Mument sen mir all mei Sinde uf-ämol eigfalle un isch häd alles versproche, wenn er blouß vun mir nix vorglese häd. Isch wär sogar bereit gwesst, en Engel zu wäre.

Ja, un dann wår's endlisch sou weid. Ich wär manchmol zu meim Unkel Artur fresch gwesst, häw isch zu höre kriegt, häd meinere Modder Widerrede gäwe, ja un åmal häd isch de Oma s'Holz net aus em Schopfe gholt. Do hot miesch de Knescht Ruprecht gepackt, iwer sei Knie glegt un mir ä påår Schläg mit seinere Rut uf de strammgezorrene Hinnere gäwe. Isch häb gschraue, was isch gekennt häb, un hoch un heilisch versproche, dass isch des alles nimmi mach. Frou bin i gwesst, dass de Nikolaus net vorglese hot, dass isch mit meinere Cousine Dokterles gespielt ghat häb. Isch häb gedenkt, dass des ä ganz groußi Sind gwesst isch. Awer vielleischt wåß de heilische Nikolaus doch net alles?

Em Schluss hot er dann sein Sack ausgleert. Do sen Niss, Äpfel und Berne rausgflorre, sou wie jeds Johr. Awer des Mol sen å noch ä Orange un ä Tafel Schokolad for jeden vun uns däbei gwesst.

Rischtisch schee isch's dann wore, wu die zwå fort gwesst sen. Mir Kinner häwe en de Kisch un em Schlofzimmer spiele därfe, un die Alte häwe's sisch in de gut Stubb gut geh losse mim eigene Woi un Hausmacher Worscht. Wu mer mol vorsischtig nejglinst häwe, hot mer schier nix gsehe, sou häwe die Männer alles mit ihre Zigårre vollgnewelt ghat. Sofort sen mei zwölfjährischi Cousine Doris un de verzehjährische Elmar beufträgt wore, sich um uns zu kümmere. Die häwe des zum Glick net ernscht gnumme un in enere stille Eck wischtische Gesprächer gfiehrt. Die häwe går net gmerkt, dass mir d'Hausdier ufgmacht un vorsischtig nausgeguckt häwe. Drauß wår's stockdunkl. Weit un breit wår kån Nikolaus un å kån Knecht Ruprecht meh zu sehe. Wu's mol geknackt hot, häwe mir uns schnell uner de Trepp versteckelt und mit Herzklopfe schun uf's Schlimmschte gfasst gmacht. Mir häwe domols halt å noch an die Geschischtlin vun de alde Leit geglåbt, vun de Raiwer, Hexe, de Gespenschter un vum Nachtkrabb. Dann sen mer leis die Trepp widder nufgschlische. Do wåre wennigschtens unser Eltern in de Näh, un unser Oma, wu schun däfor gsorgt hät, dass uns nix passiert.

Als misch mei Modder dann en's Bett gebrocht hot, häw isch längscht vergesse ghat, dass isch ä pår Stund vorher noch en Engel wäre gwod häb.

De Briefmårkesammler

Moni: Reinhard, Reinhard, wo bisch'en?
Reinhard: Was gib's Monile, hosch grufe?
Moni: Såg emol, bisch du daab uf de Ohre?
Reinhard: Wie månsch-en jetzt dess?
Moni: Du net sou. Du hosch mi gnau ghört. Un iwerhaupt, was soll'n des „Monile"?
Reinhard: Mein Gott, isch bin halt gut druf. Du willsch jo mit deim uschuldische Gedu blouß dävu ablenke, dass'd widder bei deine Briefmårke hoksch.
Reinhard: Wie kummsch'en jetzt do druf?
Moni: Wenn isch di nimmi seh und em ganze Haus nix hör, kå Hämmere und Bohre un kå Gebroddl, dann sitzsch em Keller en deim Hobbyraum. Do wäre Briefmårke eigewoischt, gedreckelt, sortiert, mansche dusch å noch bigle. Wie wär's, wenn emol unser Wäsch bigle dätsch?
Reinhard: Isch wås net, was du geje mei Briefmårke hosch. Des isch's friedlischste Gschäft vun de Welt. Isch du kåm was, isch guck net noch anere Weiwer, was willsch-en eigentlisch mehner? Anere wäre frou, sie häde so en Mann.

Moni: Kumm mer net mit anere. Anere leere freiwillisch de Milleemer und mähe de Rase.

Reinhard: Ja, isch keent å noch de Komposcht umsetzte un de Teich leer schaufle. Un s'Holz häw i ganz vergesse, des misst å noch en de Keller. Ab un zu muss i mi halt å mol erhole. Un em beschte mach isch des bei meine Briefmårke.

Moni: Wie mer sisch bei sou was erhole soll, kapier isch net. Do hocksch mim krumme Rücke un gucksch der d'Åre aus. Wahscheinlisch dråmsch dävu, mol so ebbes wie d'Blau Mauritus zu finne.

Reinhard: Isch häb der's schun tausend Mol erklärt, de Wert vun ere Briefmårk, des isch net 's Wichtigschte. Mer erfreut sisch an de scheene Bauwerke, Landschafte, beriehmte Persönlichkeite.

Moni: Un nackische Weiwer!

Reinhard: Dass i net lach. Des sen Bilder vun Gemälde, richtische Kunschtwerke.

Moni: Dann wåß isch net, warum du ausgreschelt dei gröschti Lup neme musch bei dene Kunschtwerke. – Uf jeden Fall fühl isch mi vernochlässischt, wenn du en deim Hobbyraum sitzsch und disch nimmi sehe läsch.

Reinhard: Do denk isch oft an disch, dess kannsch mer ruhisch glåwe.

Moni: Awer wenn isch der ruf, stell'sch di daab.

Reinhard: Des isch iwerhaupt net wohr. Manchmol zuck i richtisch zsamme, wenn mer rufe dusch.

Moni: Såg blouß, du hosch Ängscht vor mer?

Reinhard: Vor dir net, awer vor dere Ärwet, wu der immer ausdenke dusch. – Iwrigens, dass i's net vergess, de näschste Sunntag isch Tauschtag.

Moni: Nett schun widder. Jedes Mol s'Gleische. Isch koch uns ä schnucklischs Esse. Un dann wårt i und wårt. Bis du dann håm kummsch, isch alles verkocht.

Reinhard: Jetzt mach net sou ä Theåter. Isch bin immer de Erscht wu geht.

Moni: Des letschte Mol hosch noch Alkohol gstunke.

Reinhard: Mensch zwå Schnapspraline häw i gesse, blouß aus Åstand, gut wåre si net.

Moni: Mim Åstand kann mer's å iwertreiwe.

Reinhard: Mein Gott, jeden Wunsch les i der vun de Åre ab, was soll isch noch alles dau. Widd villeischt, dass isch da å noch die Fieß kiss?

Moni: Des wär kå schleschti Idee. Apropos Fieß, wiesou hosch'en du dei Wannerschuh rausgschtellt?

Reinhard: Em Samståg isch doch die Wannerung von de Briefmårkesammler. Do kenne å d'Partner mit.

Moni: Und des säsch du mer erscht heit?

Reinhard: Des häw i der doch schun vor vier Woche gsåt.

Moni: Nix hosch gsåt. Misch tät awer schun intressiere, warum d'Briefmårkensammler plötzlich wannere.

Reinhard: Na ja, zuerscht wannere mer, un dann treffe mer uns mit de Bruchsaler zum Tausche.

Moni: Alsou doch, und du denksch, isch geh mit und setz misch newe drå un wårt bis der fertisch seid? Guck ä mol, en Fehldruck? Odder: Hosch du de Adenauer schun in Rot gsehe? Und alle stiere uf den klåne Fetze Papier un sen ganz aus em Häusl. Beim letschte grouße Fund hot sisch dann rausgstellt, dass die Tochter die Briefmark ågmolt ghat hot.

Reinhard: Du verschtehsch des åfach net. De Mensch isch zum Sammler gebore, des isch en Urtrieb.

Moni: Ah, wenn des sou isch, keensch mol dein Trieb em Gårte auslebe un s'Fallobst zsammelese, wie wären des?

Reinhard: Gut, genau des mach isch jetzt, damit endlisch Ruh gibsch.

Moni: Wen'd fertisch bisch, kannsch vun mir aus heit Owed å widder in de Keller zu deine Briefmarke hocke.

Reinhard: Nå, heit Owed kummt en klasse Krimi em Fernsehe. Do geht's å um en Briefmårkesammler.

Moni: So en langweilische Kråm guck isch mer net å.

Reinhard: Do däisch disch mol net. Isch häb den schun ämol gsehe. Do isch en Briefmårkesammler sogar zum Massemörder wore.

Moni: Wenn'd jetzt gsåt hädsch, der hot sisch aus Langeweil umgebrocht, des känt i verstehe, awer än Mord beghe, weje Briefmårke! Des glåb isch net.

Reinhard: Des kunsch ruhisch glåwe, den häwe sei ganz Lewe lang die Weiwer en de Familie weje seine Briefmarke geärjert. Sei Schweschter, wu er noch en klåne Bu gwesst isch, dann sei Modder, die immer gsåt hot, deswege dät-er nix aneres schaffe. Un dann hot spooter sei Frå ens'gleische Horn geblose. Un wu dann å noch sei Schwijermodder mit sou eme Spruch kumme isch, isch em die Sicherung durchgebrennt. Un die beschte Gedanke sen-em beim Ågucke vun de Briefmårke kumme.

Moni: Såg gråd.

Reinhard: Ja, zum Beispiel bei de Briefmårk „200 Jahre deutsche Chemie" hot er Rattegift bsorgt un seinere Schwijamodder en de Kaffee nej gedau. Beim „Fenstersturz vun Prag" kannsch der selwer denke, was er mit seinere Schweschter gmacht hot. Beim internationale Tag der Schlaganfall-Prophylaxe hot er seinere Modder so viel Blutdrucktablette en de Kaffee nejgriehrt, die hot nimmi gscholte iwers Briefmårkesammle. Ja, un wie er die Briefmårk mit de erschte Fahrt vun de Berta Benz von Mannem noch Pforze ågeguckt hot, isch er druf kumme, seinere Frå d'Bremsleitung ä bissl åzuschneide. Die isch nimmi oft zum Meckere kumme, iwer-s Briefmårkesammle.

Moni: Reinhard, den Film brauchsch der doch net nochämol åzugucke, denn kennsch jo schun in- un ausewennisch. Isch dät såre, mach der doch heit emol en rischtisch scheene Owed mit deine Briefmårke. Isch häb der å schun ä guti Flasch Rotwei någstellt.

Reinhard: Ja un was mäsch du en dere Zeit?

Moni: Mach der do mol kå Gedanke, mir wärd schun was eifalle.

Moni: *(zu sich selbst)* Un dann glåb isch net, dass en des noch dere Flasch Rotwei, dere bsunere Flasch Rotwei, iwerhaupt noch interessiert.

En Pfarrer kummt en de Himmel

Wu de Pfarrer Grünfeld em Jenseits åkumme isch, hot en sein Schutzengel vors Hohe Gericht gfiehrt, damit des entscheide kann, ob er do bleiwe därf odder net.

„Isch häb doch alles rischtisch gmacht, mei Sinde gebeicht, zur Strof zeh Vatterunser un finf „Gegrießet seist du Maria“ gebet, un å noch die heilisch Ölung empfange. Do misse die misch doch neme, hot de Grünfeld gedenkt.

Vun dene sechs Rischter hot zuerscht Jesus als sein ehemalische Arbeitgewer s'Wort ergriffe: „Bei de Beurteilung vun dem Kandidat misse mir beachte, dass es sich um åner hannelt, wu mei Botschaft zu verkinde ghat hot. Er hot zwar des Öftere vun de Liebe gepreddischt, awer beim Praktiziere hot's net sou rischtisch geklappt. Anstatt s'Geld an die Arme zu verdåle, hot-er sich prunkvolle Messgwänner gekåft, un statt die Kranke zu bsuche, hot er sisch beim Kirchweihfescht åner ågedrunke.“

„Leschteres muss isch ufs Schärfste verurteile“, hot do de Mohamed eigworfe, „Alkohol isch de Åfang vun allem Iwel.“

Jetzt erscht hot de Grünfeld kapiert, was die iwerhaupt vun em wolle: „Jesus, ich häb doch immer inbrünschtisch zu dir gebet“, hot-er verzweifelt gschraue,

„mei Brevier glese un rejelmäßisch gebeischt. Un dei Fleisch un Blut häw isch å täglich bei de heilische Kommunion en misch ufgnumme."

Jetzt hot sisch de Brahma mit åm vun seine vier Gsischter zu Wort gmeldt: „Mir im Hinduismus lehne jedi Form vun Kannibalismus strikt ab, do driwer häwe mir schun vor langer Zeit en Grundsatzbeschluss gfasst". Un de Budda, wu em Schneidersitz en de Luft gschwebt isch, hot å noch sein Senf däzu gewe: „De Grünfeld hot net kapiert, uf was es em Lewe åkummt."

Blouß des rassische Mådel, wu halwer uf ere Wolk gleje un schierga nix åghat hot, hot än freindlisch ågläschelt. „For sündische Pfarrer häw isch ä gewissi Schwäsche. Un dann hot sie iwers ganze Gsischt gegrinst: „Bisher isch iwerhaupt noch net zur Sproch kumme, dass er sisch als junger Kaplan vun de Pfarrköchin verführe glosst hot."

„Luzifer, Sex isch for miesch å Liebe", hot do de Brahma gmånd.

„Hauptsach, er hot's net mit klåne Buwe gedriwe", hot-en sogår de Mohamed verteidischt.

„Isch seh schun, ihr wollt mir den Kandidat åfach net iwerlosse. „Däbei wär der in meim Reisch in erlesener Gesellschaft: do sen Bischöff, Kardinäl und å de åne odder anere Papscht."

Do hot de Vorsitzende vum Gericht, de Abraham, s'Wort ergriffe: „Isch bin geje allzu grouße Milde, for miesch gilt immer noch Auge um Auge, Zahn um Zahn."

„Bei uns jo åh“, hot de Mohamed rausgewe, „awer mer dierfe net de Fehler mache, dass mer von eme Pfarrer mehner verlange wie vun anere Mensche, schließlisch hot der die gleische Bedirfnisse. Was månsch-en du däzu, Jesus?“

„Isch geb der vullkumme Rescht. Gottvatter hot die Mensche geschaffe, damit die sisch liewe un vermehre. Was viel schlimmer isch, er hot sisch zu dem Kind, wu er gezeugt hot, bis heit net bekannt.“

„Awer liwer Herr Jesus, do häd isch dir jo nimmi diene kenne“, hot sisch de Grünfeld verzweifelt gwehrt. „Die katholisch Kersch häd miesch nausgschmisse, vun was häd isch-en dann lewe solle? Sou hot sie wennischtens die Alimente bezahlt.“

Do hot de Engel Luzifer iwer alle vier Backe gstråhlt: „Was vor ä wunerscheeni Scheiheilischkeit des Zölibat doch isch! Uf die Erfinnung bin isch heit noch stolz.“

Abraham hot sisch bedäschtisch iwer sein lange weiße Bårt gstrische, er hot grad gnung ghat vun dere Diskutiererei: „Damit mer weiterkumme, sood jetzt jeder vun uns mol sei Urteil fälle.“

„Isch denk, de Grünfeld meest zuerscht ä påår hunert Johr em Fegfeier geläutert were, bevor er des Paradies betrete därf“, hot de Mohamed gmånd.

„Isch bin däfor, dass mir-en zurick uf d’Erde schicke“, isch vum Budda kumme, „damit-er sei menschliche Schwäsche kenne- un iwerwinde lernt.“

„Des halt isch for-en gute Vorschlåg“, hot de Brahma do mit dem zweite Kopf gnickt un mit em dritte Jesus ufgfordert: „Stimm zu, dann sen mer uns ånisch!“

Em Schluss hot de Abraham sein Schiedsspruch verkind: „Der Kandidat wird abgewiesen. Es wird ihm eine Bewährungschance auf Erden gegeben, vielleicht kann er dieses Mal der irdischen Versuchung widerstehen.“

Do hot sisch de Luzifer d'Händ griwe: „Des werd spannend“.

„Als Kind odder als Erwachsener?“, hot Jesus dann noch gfrogt, un Mohamed: „Als Mann odder als Frå?“

„Un was vor ä Religion?“, hot de Budda wisse wolle.

In seinere Weisheit hot dann de Abraham vorgschlåre, ihn ganz vun vorne als Baby åfange zu losse.

Im selwe Mument hot une uf de Erde ä ledischi jungi Frå uner grouße Schmerze ä gesunds Bobbele uf d'Welt gebrocht. Wu des klåne Mådl s'erschte Mol d'Åre ufgschlåre hot, hot's en's Gsischt vun eme katholische Pfarrer geguckt, wu verzweifelt feststelle gmesst hot, dass es die gleische Åre hot wie er.

Sparmaßnåhme uf em Rothaus

Emmy: Hosch des schun glese? Die Gemeinde isch praktisch bankrott.

Wolfgang: Wu steht'en des?

Emmy: Wu schun? Do en de Zeitung. Kannsch du mer des erkläre, was die måne, mit praktisch bankrott?

Wolfgang: Alsou, wenn mir zwo bankrott wäre, dann wäre mir des rischtisch, un net praktisch.

Emmy: Un was håßt des?

Wolfgang: Wenn du rischtisch bankrott bisch, dann kriegsch alles gnumme. S'Häusl werd versteijert, de Gehalt gepfänd, un wenn'd s'Auto net for dein Beruf brauchsch, dann neme sie des å noch weg.

Emmy: Un vun was däte mir dann lewe?

Wolfgang: Vun Harz IV.

Emmy: Ja, un wenn die Gemeinde bankrott isch, werd dann dem Biamåschter sein Gehalt å uf Hartz IV gsetzt?

Wolfgang: Des isch jo de Unerschied zwische rischtisch bankrott und praktisch bankrott. Dem Biamåschter un dene Gemeinderät, wu des verzapft häwe, passiert nix.

Emmy: Des isch awer net Rescht.

Wolfgang: Halt emol! Die Millione, wu die ausgäwe, sin alles Inveschtitione en die Zukunft. Des kummt alles mit Zinse und Zinseszinse zurück, hot de Biamåschter em Wahlkampf gsåt.

Emmy: Awer jetzt såg ämol, wenn unser Gemeinde praktisch bankrott isch, dann muss doch de Gemeinderat ebbes dägege dau.

Wolfgang: Ja, die wåre schun sehr erfinderisch. Stell der mol vor, was die noch stundelange Beratungen ausgebrieht häwe?

Emmy: Mach's net sou spannend.

Wolfgang: Die häwe beschlossse, dass die Ågstellte blouß noch åmol em Tag uf die Toilette därfe un net mehner wie drei Blatt Papier verbrauche.

Emmy: Un Halbtagsbeschäftischte?

Wolfgang: Die därfe halt bloß alle zwo Tåg uf de Klo un anerdhalb Blatt neme.

Emmy: A, wennischtens häwe sie iwerhaupt mol was beschlosse.

Wolfgang: Ja, un damit des Beschließe en Zukunft schneller geht, dune sie jetzt wischtische Sache mit em Seil entscheide.

Emmy: Wie soll-en des geh?

Wolfgang: Links zieht die SPD un die Grüne und rechts die CDU un die Freie Wähler. Un die, wu zuerscht umfalle, häwe verlore.

Emmy: Ja un was isch mit de FDP un de Frauenlischte?

Wolfgang: Die sen de Ersatz, wenn åner schlapp mäscht.

Emmy: Un des sin die ganze Sparmåßnahme?

Wolfgang: Wu denksch en nå! De Blumeschmuck em Rothaus wird gstriche un die öffentlische Brunne stillglegt.

Emmy: Brunne uhne Wasser, do schmeiße die Leit doch de Abfall nei.

Wolfgang: Un dass des net passiert, wäre jetzt Blume neigepflanzt.

Emmy: Des koscht doch å Geld.

Wolfgang: Die neme gråd die Blume wu sie em Rothaus wegfalle losse, dann isch des koschteneutral.

Emmy: Mir däte do noch ä påår anere Sache eifalle.

Wolfgang: Dann såg halt!

Emmy: Zum Beispiel braischt de Gemeinderat kån Ausflug meh zu mache.

Wolfgang: Un de Biamåschter känt, statt vun åm Feschtl zum anere zu renne, die Ärwet em Rothaus widder selwer schaffe.

Emmy: Un d'Stroß känte die Leit selwer kehre.

Wolfgang: Un de Rase em Fußballplaz känte die Fußballer selwer mähe.

Emmy: Die wolle schließlich å all druf spiele.

Wolfgang: Nachts känt mer d'Stroßelaterne ausmache. D'Leit solle en's Bett lieje un schlofe, statt en de Gejend rumlåfe.

Emmy: Do gäb's vielleischt å mol widder mehner Kinner.

Wolfgang: Un langfrischtisch känt mer sou å die Finanze saniere?

Emmy: Logisch, irgendwann were die Kinner å zu Steierzahler.

Wolfgang: Awer månsch du, domit känte mer wirklisch die viele Millione eispare, die em Stadtsäckel fehle?

Emmy: Wenn net, misse sie's halt mache wie ihr Kollege en de grouße Politik.

Wolfgang: Un wie mache die's?

Emmy: Wenn dene s'Geld fehlt, wärd åfach neis gedruckt.

Wolfgang: Do breischt jo die Stadt bloß ä klåni Druckmaschin åschaffe, dann wär sie alle Sorje lous.

Emmy: Genau, des kannsch mol en de Stadtverwaltung vorbringe, die redde doch immer vun Bürgerbeteilischung.

Wolfgang: Alla gut, dann mach isch misch mol uf de Weg zur Rettung vun de Stadt.

De Moibåmklau

De Ginda un de Andun sän en de Nacht vum 1. Moi 1968 mojens um drei mit eme Beil und enere Båmsäg durch de Nachbarort gschliche. Kå Mensche-Seel wår zu sehe. Sie häwe schun ufgewe gwod, do isch er plötzlisch vor ene gestanne: än eschte Moibåm mit eme Kranz vun bunte Bännel en de Spitz.

Leicht benewelt vun dem viele Bier, wu sie de ganze Owed beim Moitanz getrunke ghat häwe, häwe sie den Båm vum Gårtedeerle lousgebunne un sen zum Haus vum Schulrektor marschiert, dem Vatter vum Ginda seinere Freundin. „Do owe, unam Dach, hot d'Elisabeth ihr Zimmer".

De Båm ufzustelle wår net sou åfach. Wu's dann endlisch geklappt hot, hot de Andun em Ginda uf d'Schulter geklopft: „Do kannsch mit Eidruck schinne und dann därfsch glei zu-äre ens Bett nej krawle."

Mit em 500er-Fiat vum Andun sen sie dann, stolz uf ihr Heldetat, håmgfahre.

„Ruhe, jetzt seid ämol ruhisch", hot de Feijerwehrkomandant gschraue. Awer s'hot noch ä ganzi Weil gedauert, bis die Kamarade, wu er uf die Schnelle zsammegedrommlt ghat hot, ihm zughört häwe.

„Liebe Kameraden“, hot-er ågsetzt, „wegen eines katastrophalen Ereignisses habe isch eusch zusammegerufe. Es ist bedauerlisch, dass nicht mehr Kamerade meinem Rufe folgen konnten, da sie sisch uf Maiwanderung befinden. Aber ich bin sicher, dass auch sie gekummen wäre, wenn sie vun dem Vorfall gehört hätten. Wie ihr wisst, häwe mir vun de Feierwehrkapell geschtern Owed em Biamåschter ä Ständel gspielt und en Moibaum gstellt, weil er sisch em Gemeinderat for unser neues Feuerwehrhaus eingesetzt hot. Un jetzt, ihr werdet es nischt glauben, es isch åfach än Skandal, – der Båm isch weg.“ Dann hot er sisch mit seim grouße Sacktuch d’Stern abgwischt un någsetzt.

Do hot sisch de Schorsch, de Gerätewart, zu Wort gmeldt: „Dess kenne-mer net uf uns sitze losse. Do hot uns åner en Stroich gspielt. Vielleischt steckt sogår ä ganzi Grupp dähinner.“

„Isch känt mer vorstelle, dass dess linke Studente wåre, soudische, wu als en Heidelberg demonstriere“, hot en anere gmånd.

De klåne Alfred isch erscht zu Wort kumme, wu schunst niemand meh was zu såre ghat hot: „Alsou, em Rektor Huber seim Haus, do steht än Moibåm, der sieht genauso aus wie unserer.“

All häwe-si herzlisch glacht un åner hot-em zugrufe: „Bu, halt i zurick wenn d’grouße Leit schwätze .“

De Müllers Manfred hot-em uf d’Schulter geklopft.

„Unsern Båm kann des net sei, der hot än Kranz än de Spitz un gräßer isch der å.“

„Awer so en Kranz isch heit morje en meinare Nachbarin ihrm Gårte gleje," isch jetzt åm eigfalle.

Do hot sisch de Gemeinderat Oswald gmeldt: „Wenn isch mer's rischtisch iwaleje dun, känt was drå sei. Schließlisch isch de Rektor Huber de Fiehrer vun de Rathausopposition, un die wår geje de Neibau vum Feijerwehrhaus."

„Die sen geje alles was Geld koscht," hot de Walter däzwische gschraue.

De Oswald hot sich net beirre glosst: „Denkt doch mol logisch. Wer känt ä Intresse drå hawe, dem Biamåschter de Båm wegzuneme? Dess kann nur ä Grupp sei, wu mit seinare Politik net zufriede isch. Die Opposition hot-em de Båm weggnumme un em Rektor någestellt. Aus Protescht souzusåre."

„Alsou, isch schlage vor, dass mir das fraglische Objekt in Augenschein neme", hot der Kommandant dere Diskussiun schließlisch ä End gsetzt.

Korzi Zeit spooter sen sie dann all vor dem Båm gstanne.

„Do isch jo de unare Ascht abgzägt wore", hot åner sachverstännisch festgestellt.

„Dess hät isch vum Huber net gedenkt, dass der sisch unsern Båm vor's Haus stelle lässt," hot sisch de Kommandant ufgregt.

„Em beschte wärd sei, mir klingl'en raus un batschen rum," hot de Hans vorgschlåre.

Än dem Mument isch d'Dier ufgange un de Rektor isch noch ganz verschlofe vor-enne gstanne. „Ja, was isch-en do louß, was sucht-en ihr en meim Gårde? Ihr verdrebbelt mir jo die ganze Erbl."

Mit route Käpf häwe sie all mitänanner uf de Bode geguckt.

„Herr Rektor," hot do de Kommandant mudisch s'Wort ergriffe, „mir woode gern wisse, wu Sie den Moibåm her häwe. Den häwe mir nämlisch geschtern Owed em Biamåschter gstellt."

„Zuerscht geht-er mol all naus aus meim Gårte!"

Wie d'Gäns sen sie nausgedräpplt und hinnerm Gårtedeerle bråv stehgebliwe.

„Alsou Leit, isch versteh jo eier Ufrejung, awer isch wås wirklisch net, wu de Båm her isch. Jetzt macht, dass der håm kummt un eiern Rausch ausschloft" hot er sie korz abgfertischt.

Erscht wu sie ä Stück weit fort gwesst sen, sen sie widder munter wore. „Dess losse-mer uns net gfalle," wietisch hot de Mischl en de nägschte Zaun getrete, „wie der uns behandelt hot! Mir sän doch net dem sei Schieler."

„Jetz gehe mer zum Mufler", hot åner vorgschlåre, „der wärd die Wahrheit schun rauskrije."

De Ortspolizischt Mufler häwe-si dann em Wirtshaus Zum Hirschen em Stammtisch gfunne. S'hot ä Weil gedauert, bis-er alles verstanne ghat hot.

„Alsou, jezt fasse-mer mol zsamme", hot-er schließlich dem Truwl ä End gmacht: „Die Feijerwehr hot em Biamåschter geschtarn Owed än Moibåm gstellt. Es werd behauptet, dass de Båm gstohle un em Rektor någstellt wore isch, un dass dess än Akt der Politik gwest isch."

Nochdem all gnickt häwe, hot de Mufler die Gemieter beruhischt: „Alsou, isch dät såre, de Båm låft uns net dävu, glei morje frih kimmer isch miesch drum."

Bis zum Owed wår de ganze Ort än Ufruhr. Parteie häwe sisch gebildt. D'Åhänger vum Biamåschter wåre de feschte Iwerzeigung, dass dess ä politisches Verbresche wår. Die anere häwe glacht: „Macht net sou ä Theåter. Recht hot em gschehe!"

Ä Woch spooter hot's en de Hausdier geklingelt. „Isch mach schun uf", hot de Großvatter vum Ginda gsåt. „Ou, de Herr Mufler, was gibt's? Kumm rei. Isch häb gråd ä Kriegl Moscht aus-em Keller ghollt."

„Regt eisch net uf, isch muss blouß ebbes frore." Zuerscht hot-er mol en grouße Schluck vum Moscht gnumme. „Ja un Ginda, wu wårsch-en du in de Moinacht?"

„Isch bin Tanze gwest än de Tornhall mit de Elisabeth un em Andun."

„Ja un nochher, wie seid-ern håmkumme?", hot-er weiter gebohrt.

„Em Ons isch d'Elisabeth vun ihrm Vatter abgholt wore, weil sie doch erscht siebzehne isch."

„Un ihr zwå, wann seid-en ihr håmgange, dein Couseng un du?"

Jetzt isch de Ginda langsam en's Stottere kumme: „Der isch noch en de Bar vum Tornverei ghockt."

„Un dess kann net sei, dass du-em ä bissl Gsellschaft gleischt hosch?"

„Hajo, ä Weil bin i noch bei-em gebliwe.“

„Un wann seid-er dann endlisch håmgange?“

„Dess wås isch nimmi sou genau.“

De Mufler hot dem Ginda s'schleschte Gwisse ågsehe, isch ufgstanne un hot mit seim spitzische Zeijefinger uf sei Bruscht gezielt: „Mache mer's kårz, du und dein Couseng wåre die Missetäter. Ihr hät de Båm geklaut. Leugnen nützt nichts, sonst gibt's Arrest.“

„Mein Gott, Bu, was hosch-en ågstellt, du wärschmer doch kå Uglick iwer d'Familie bringe“, hot sei Modder gjuumert.

„Isch häb doch net gwisst, dass de Båm for de Biamåschter isch“, hot de Ginda schließlich rausgewe.

De Groußvatter hot de Ginda em 1. Moi håmkumme ghörtund sisch längscht dess Ganze zsammegreimt ghat. „Herrmann“, hot-er gsåt, „jetzt mach mol halblang. De Bu soll mol verzähle, was passiert isch.“

Wu de Ginda fertisch gwest isch, hot de Opa noch ä Kriegl vum gute Wei rufgholt. Nach zwå Gläser hot de Mufler sei Urteil verkinnt: „Also Ginda, weil isch dein Groußvatter sou gut kenn, wolle mer Gnad vor Recht ergeh losse, un dess Ganze geje ä Verwarnung vun fünf Mark vergesse. Selbstverständlisch musch du disch noch beim Biamåschter, beim Rektor un beim Feierwehrkummandant entschuldische.“

Schnell hot de Groußvatter de Geldbeitl gezickt. „Souän årme Student hot doch kå Geld. Awer Bu“, hot-er zu seim Enkl gsåt, „dass den Båm geklaut hosch, dess finn i net än Ordnung. Dess nächste Mol gehsch en de Wald un mäsch selwer åna um, sou wie sisch's kehrt."

Bei Familiefeschte verzählt de Andun heit noch wie sie domols die Kommunalpolitik ufgreifelt häwe. Un wenn er de Günda rätze will, kummt als Sahnehaibsche däzu, wie der bei seim Schwiejervatter ådanze gmesst hot, un der-en „de dabbichschte Student uf Gottes Erdbode" gscholte hot.

's Bundesverdienschtkreiz

Lore: Friedrich, hör-emol!

Friedrich: Mm.

Lore: Hosch des glese, do regt sisch en Reporter uf, weil de Vettel kå Bundesverdienschtkreiz kriegt. Verstehsch du des?

Friedrich: Ah, des isch doch klor, der fährt doch für Deutschland und mäscht for uns Werbung. Un dodävor ghärt dem s'Bundesverdienschtkreiz, do muss isch dem Reporter rescht gäwe.

Lore: Der Vettel, isch doch der, wu wie en Verrickte em Kreis rumfährt un dodäbei sei Lewe riskiert. Der sol Lewe rette un net in Gefahr bringe!

Friedrich: Er isch immerhin Weltmeischter em Formel-I Renne.

Lore: Do däfor kummt-er schun går nimmi hom vor lauter Deutschland em Ausland vertrete. Irgendwann dune sie den zum deitsche Ehrekonsul en de Schweiz ernenne.

Friedrich: Wårsch du iwerhaupt, warum der en de Schweiz wuhnt?

Lore: Wahrscheinlisch weje de gute Höheluft un de Aussischt vun de Berge. Souwas hot sei Heimatstadt Heppene net zu biete.

Friedrich: Falsch, des hot än ganz anere Grund. Der schmeißt ä påår Almose en die Sammelbixs vun de Schweizer Gemeinde un dann därf der do steierfrei wuhne.

Lore: Sou blöd kenne die Schweizer net sei!

Friedrich: Die sen schlauer wie'd denksch. Die Schweizer wisse, vun viel Reische wenisch kassiere, bringt mehner wie vun wenisch Reische viel kassiere.

Lore: Do steht weiter, dass er net verstehe kann, dass de Klinsmann, de Löw und de Beckebauer, un iwerhaupt die meischte Fußballer, des Bundesverdienschtkreiz kriegt häwe, bloß bei de Rennfahrer däte die Bundespräsidente net mitmache.

Friedrich: Des isch rischtisch, de Schuhmacher hot's å net kriegt.

Lore: De Boris Becker awer å net!

Friedrich: Vor was hät en der's krieje solle? For sei internationale Kontakte im Besseschrank?

Lore: Die Steffi Graf hot sogar des Bundesverdienschtkreiz am Bande kriegt.

Friedrich: Gibt's å welche uhne Band?

Lore: Was denksch-en du, was es alles gibt: Mit un uhne Band, zum Åstecke odder Hänge, am Hals, an de Bruscht odder an de Schulter, vier-, sechs- und achteckisch, mit un uhne Lorbeere.

Friedrich: Hör uf, des kann sisch jo kån Mensch merke.

Lore: Jetzt mol ehrlisch, dät der des net å gfalle, wenn mer dir so ä Kreiz an die Bruscht stecke dät, odder vielleischt sogår um de Hals hänge?

Friedrich: Vor was soll-en isch des krieje?

Lore: Alsou, Lewe hosch noch net gerettet.

Friedrich: Wie å? Schwimme kann i net, Bergsteije mag i net, bei de Feierwehr bin i å net. S'fehlt åfach an Gelejeheite zum Rette.

Lore: Geld zum Vertåle wie der Herr Hopp hosch å net un Politiker bisch å net wore. Wenn'd Bundestagsabgeordneter wärsch, däte die Chance automatisch steije.

Friedrich: Wie månsch jetzt des?

Lore: Jedes Johr krieje 30 Bundestagsabgeordnete sou ä Kreiz, unabhängisch däfu, ob sie's verdient häwe odder net.

Friedrich: Un kannsch du mir mol såre, warum's die allermeischte Biamåschter em End vun ihrer Laufbahn krieje?

Lore: Bestimmt um dene de Abgang zu versieße! Du hosch mer awer immer noch net gsåt, ob du selwer des Kreiz gern krije dädsch.

Friedrich: Schun, awer blouß, damit isch's „in einer großen Geste" ablehne känt. Bei dere Gelejeheit dät isch dene hohe Herre mol so rischtisch mei Meinung geije, mol såre, was isch vun dere ganze Gschischt halte dun.

Lore: So weit wärd's går net kumme. Denn wer soll-en disch alde Grantl vor's Bundesverdienschtkreiz vorschlåre? Hä?

Wenn isch alt wär ...

Wenn isch alt wär, dät isch,
langsämer wie sunscht,
ganz åfach weiterlewe,
dät mehner uf misch selwer achte,
un des Glick in de Näh suche.

Wenn isch alt wär,
dät isch mei Schulde begleische,
bei manchem å mei Schuld.
Isch dät sårge, wenn ich jemand måg,
un, wenn's sei muss, um Verzeihung bitte.

Wenn isch alt wär,
dät isch Ordnung in mei Lewe bringe,
damit isch kån Durschänanner hinnerloss,
und all, die an misch gebunne sen,
die Freiheit gäwe, for die Zeit dänoch.

Wenn isch alt wär,
dät isch jedn neje Tåg begrieße,
des Zwitschre vun de Veggel un des Surre vun de Biene,
de Duft vun de Blumme un des Rausche vun de Blätter,
un jeden Bisse, wu mer schmeckt, genieße.

Doch såg, wann bin isch alt?

Weihnachtsgutslbacke

Weihnachte hot sisch en meinere Kindheit schun lang vorher dursch Hektik ågekündischt. Iwerall häw i gstört, beim Sauwermache vum Keller un em Speischer, beim Ausklopfe vun de Matratze un de Teppisch, beim Schrubbe und Wachse vum Dielebode. Wenn isch meinere Modder net aus em Weg gange bin, hot's ruck-zuck ä Ohrfeig gäwe, å uhne dass isch ebbes ågstellt ghat häb.

Wenn die Putzerei dann rum wår, hot ä wunerscheeni Zeit ågfange. Es isch an's Weihnachtsgutslbacke gange. Vorher häwe die Hausfraue awer noch heiße Diskussione gfiehrt iwer alte un neje Rezepte, iwer Zutate un wu mer sie billisch kriegt. Ob mer Buttergebackenes tatsächlisch mit Butter backe muss odder ob Margarine net genausougut isch.

Selbschtverständlisch häb isch die wischtische Sache gmacht: Gutsl ausstesche, Plätzlin mit Oigelb bestreische, ufs Backblech leje, un wenn sie fertisch gebacke sen, widder eisammle. Ja un dann häw isch å noch die Verbrochene probiere messe, sunscht hät jo mei Modder net gwisst, ob sie ere grote sen. Em allerliebschte häw i Buttergebackenes ausgstoche. Do hot's Mond un Sterne gäwe, Chrischtbäm, Engel, Vöggel, Esel un kläni Lämmlin, halt alles was zu Weihnachte ghört.

Uner uns Kinner häwe mir oft gstritte, wie viel Sorte Weihnachtsgutsl s'gibt, un welli Modder die meischte backt. Butter- un Spritzgebackenes, Zimtstern un Lebkuche, Springerle un Hildabredel, die häwe uf jeden Fall däzu ghört. Dann hot's awer in jeder Familie noch ä påår Geheimrezepte gäwe un die jüngere Fraue häwe sisch ans katholische Kunrådsblatt odder an die Illustrierte „Frau und Welt" ghalte. Hildabredel wåre mei Lieblingsgutsl. Die bestehne aus zwå odder drei verschiede grouße Ring Buttergebackenes, die mit Mus ufännanner geklebt un mit eme Zitrone-Zucker-Guss iwerpinslt were.

Jedem sei Modder hot natierlisch die beschte Gutsl gmacht. De Beweis hot mer allerdings net glei liffere kenne, weil die Gutsl noch em Backe versteckelt wore sen. Obwohl uns Schläg ågedroht wore sen, häwe mir Kinner kå Ruh gäwe bis mer die Schachtle gfunne häwe. Die geklaute Gutsl häwe mer dann heimlisch un mit groußem Herzklopfe gesse. Kumischerweis hot kåni vun unsere Midder jemols ebbes däfu gmerkt, obwohl doch die Vorrät dauernd abgnumme häwe.

Zwå Horror-Gschischte hot mer sisch en meinere Zeit verzählt. En de åne häwe sisch die Kinner an Weihnachtsgutsl heimlisch sou satt gesse, dass sie em Heilisch Owed iwerhaupt koni meh gwod häwe. Bei de zweite Gschicht hot em Morje vun Heilisch Owed die Modder feschtgstellt, dass alle Weihnachtsgusel verschwunne sen. Die Kinner sen dann vum Vatter, trotz ihrm uschuldische Gedu, ordentlisch durschgebatscht wore. Die

Modder awer, die hot de ganze Morje gebacke, dass dann em Owed bei de Bescherung doch alle noch Weihnachtsgutsl esse gekönnt häwe. Wu und bei wem des åne odder anere passiert isch, kann isch net såre, uf jeden Fall, en unsere Familie wår's net.

Diät

Ekki: Ou Hilde, schun lang nimmi gseh.
Hilde: Un Ekki, mäsch mol widder Waldlauf?
Ekki: Bei dem scheene Wetter treibt's misch halt naus.
Hilde: Såg mol, fällt dir an mir nix uf?
Ekki: Månsch de neje Trainingsåzug?
Hilde: Du bisch noh drå. Den häw i mer kåfe misse.
Ekki: Warum, wår der de alt nimmi schee genung?
Hilde: Des wår's net, un trotzdem häw i en neje gebraucht. Jetzt musch awer druf kumme!
Ekki: Isch will der jo net zu noh trete, isch der de alte vielleischt zu klå wore und geplatzt?
Hilde: Gråd s'Gejetål isch de Fall.
Ekki: Isch kumm net druf.
Hilde: Mein Gott, abgnumme häw i, un des net wennisch.
Ekki: Bisch der ganz sicher?
Hilde: Alle Leit sehe's, blouß du net.
Ekki: Ah doch, wenn isch rischtisch någuck! Dei Backe hänge jetz ä bissl runer. Un wie hosch des gschafft?
Hilde: Mit ere ganz neje Diät aus meinere Frauezeitschrift.
Ekki: Ja, un wie viel hosch do abgnumme?
Hilde: Finf Kilo in ånere Woch.

Ekki: Hosch du dich vor de Diät vielleischt mim Mantel un de Wannerschuh gwore?

Hilde: Jetzt bisch awer ufair.

Ekki: Ganz em Ernscht, wie hosch en des ågstellt?

Hilde: Isch mach die Prof.-Dr.-Schlaumeier-Diät. Do musch du disch zuerscht mental druf eistelle.

Ekki: Mental?

Hilde: Geischtisch un seelisch. Du musch dei Gleichgewischt suche.

Ekki: Un uf åm Bå steh?

Hilde: Blädsinn. Do geht's um dei Inneres, du musch dei Mitte finne.

Ekki: Kann mer do mei Frå behilflisch sei?

Hilde: Du verstehsch iwerhaupt nix. Des betrifft disch ganz ällå. Un isch såg der glei, mit Sex isch do gar nix drin. Des dut blouß ablenke. Du musch disch mit dem Wesentliche des Lebens beschäftische.

Ekki: Un Sex ghört do net däzu?

Hilde: Alles zu seinere Zeit. Les des Buch vum Prof. Dr. Schlaumeier, dann kummsch ganz vun ällå druf.

Ekki: Isch kappier's immer noch net. Wu isch-en jetzt dei innnere Mitte?

Hilde: Du bringsch misch zur Verzweiflung. Des kann mer doch net zeije. Des fühlt mer.

Ekki: Alsou gut, wie geht's dann weiter?

Hilde: Ja, dann därfsch du die Lebensmittel nur noch so esse, wie sie die Natur vun sich gibt.

Ekki: Mit anere Worte die, Milch vun de Kuh un net vum Aldi?

Hilde: Ich verzähl der glei nix meh.

Ekki: Isch jo gut, des Thema interessiet misch schun.

Hilde: Alsou Kartoffel were mit de Schal gesse, do sen noch die ganze Vitamine drin.

Ekki: Ugekocht?

Hilde: Quatsch.

Ekki: Also koche därf mer?

Hilde: Net alles, Karotte zum Beispiel wäre roh gesse.

Ekki: Un des wår's dann?

Hilde: Nå, dann musch drei mol em Tåg en Multi-Body-Drink zu der neme.

Ekki: Un der isch å vum Prof. Dr. Schlaumeier?

Hilde: Logisch! Erfolg hosch nur, wenn uf allene Ebene eisteige dusch. Awer såg ämol, warum frogsch en du misch sou aus? Du kummsch mer å ä bissl schlanker vor. Mäsch du å ä Diät?

Ekki: Also, die vum Prof. Schlaumeier mach isch net, awer die vun de Frau Prof. Dr. Besserwisser. Die funktioniert ganz anerscht. Des verzähl'-isch der dann s'nägschte Mol. Jetzt muss i mache, dass i håmkumm. S'isch högschti Zeit vor mein Drink, wu i drei mol em Tåg eineme muss.

60-Jährische

Wenn'd 60 bisch, dann hosch die 50 kårz hinner der und die 70 noch lang, lang vor der. Do freisch di, dass d'Kinner endlisch erwachse sen und hoffentlisch ball åfange Enkl zu produziere. De Dråm vum grouße Abenteuer hosch begrawe. Du bisch zufriede mit eme gute Esse und glicklisch wenn'd noch ä Lebensabschnittspartnerin hosch, wu mit der en de Urlaub fährt, odder de Lebensabschnittspartner ä Tänzl wagt, uhne dass er glei de Herzkaschper kriegd.

Mit 60 wunersch di, wie alt dei Schulkamerade wore sen un hosch di mit abgfunne, dass der's mol em Kreiz, mol en de Knie un mol em Måre zwickt. Ja, un wenn'd ufwachsch un s'dud-er går nix weh, dann bisch leider net ufgwacht und därfsch in Zukunft uf de Wolke Halleluja singe.

Ä Frå mit 60 hot sich an ihr Hitzewallunge gwöhnt un mäscht sisch blouß noch schee for die Freindinne beim Kaffeekränzl. Bei de Kosmetikerin gibt sie s'Geld aus, damit die ere Falte wegmäscht, wu vorher gå kåni gwesst sen und de Vergrößerungsspiggel schmeißt sie fort, weil sie des Spinnenetz em Gsischt nimmi sehe kånn.

En Mann mit 60 hot sisch mit abgfunne, dass de Frisör vor die halb Ärwet de doppelte Lohn verlangt, un månt, dass er mehner wiegt, weil sei Knoche schwerer wore sen, dabei isch de Kalk ganz wu anerscht.

Weil än mansche 60-Jährische net kapiert, dass ihn junge Mådlin bloß noch aus Achtung vor em Alter grieße, sucht er sisch ä halb sou alti Freindin als Jungbrunne, un merkt dann erscht rescht, dass er alt wore isch. Awer ehrlisch gsåt, die meischte dråme blouß vun ere Junge un bleiwe dann doch bei ihrer Alte. Bei dere wåß er, wu er drå isch, un bei dere kann er stundelang vor sisch nå schweige, uhne das ere was uffällt. Außerdem dät ä Jungi sei Gebrumm iwerhaupt net versteh. Wenn-er säscht „des hot mer esse kenne“, dann håßt des, dass des Esse prima wår. Un wenn er zu seinere Ågetraute säscht „heit kannsch di sehe losse“, dann wås die, dass sie heit rischtisch gut aussieht. Un „heit gehsch mer uf de Wecker“, des hot nix mit ufwache zu dau. Nå, do wåß sei Frå, dass sie em heit liewer net in die Quer kummt. Un wenn er säscht „heit isch Kumm-Tåg“, dann wåß sie å was des Stündl gschlåre hot.

Es isch halt mol sou: Die Liebe zwische Mann und Frå besteht zu eme Drittel aus Leidenschaft, zu eme Drittel aus Freindschaft und zu eme Drittel aus Gwuhnet. Un mit 60 isch des letschte Drittel halt ä bissl gräßer.

Kårzarweit

Elke: Du, isch häb ghärt, ihr hät Kårzarweit. Bei dere viele Freizeit kannsch der's mit deinere Frå rischtisch gut geh losse.

Andun: Sei mer blouß ruhisch. Dehåm isch mehner Stress wie wenn i schaffe geh.

Elke: Wiesou en des?

Andun: Jeden Tåg muss i koche un sauwer mache. „Du hosch doch de ganze Tåg nix zu schaffe", säscht sie dauernd.

Elke: Såg bloß!

Andun: De Schpeicher un de Keller häw i schun ufgroomt, s'Auto uf Hochglanz gebrocht un de Houf mim Hochdruckreinischer sauwer gmacht. Jetzt soll i å noch s'Schlofzimmer tapeziere.

Elke: Des mit dem Schlofzimmer isch bstimmt en versteckte Hiweis. Wahrscheinlich sollsch du en ganz anere Acker beglicke.

Andun: Do bisch du ganz uf em Holzweg. Isch glåb, die lässt mi sou viel schaffe, dass mer oweds zum Themå Sex iwerhaupt nix meh eifällt.

Elke: Hajo, ihr Männer månt immer, ihr misst mit em Holzhammer kumme. Ä Frå will verführt were. Du musch ere ä schnuckelischs Esse koche, de Tisch schee decke, ä Kerz ånzünde un ä guti Flasche Wei ufmache, dann wersch mol sehe, dann isch dei Frå wie umgwannelt.

Andun: Genau des häw i gmacht. Wu i ere em Schluss en d'Åre geguckt, noch ihrer Hand gegriffe un gefrogt häb: „Na Schatzl, hot der's Esse gschmeckt?“ Was månsch'en, was die gsåt hot?

Elke: Die isch glei zur Tat geschritte.

Andun: Ganz dänewe.

Elke: Vielleicht hot sie gheilt vor Glück, weil du mol widder gwesst bisch wie frieher.

Andun: Alles falsch. Die hot mei Hand weggschowe, mir en d'Åre geguckt un gsågt: „Was hosch en heit widder kaputt gmacht?“

Es wår blouß die Gulaschsupp

S'isch Suntagmorje, en wunerscheene Tåg em Iwergang vum Friehling zum Summer, mit eme blooe Himmel un enere milde Luft, d'Isabel hot de Tisch uf em Balkun gedeckt: Franzäsische Käs und Schinke, Hunisch un Mus, frische Weck un Orangesaft, un weil en bsunere Tåg wår, å noch Rieroi mit Speck. De frisch gebriehte Kaffee steigt em Eike in die Nås, wu er endlisch uftaucht.

„Na, ausgratzt?" Sie hot ä Läschle uf de Lippe, awar innerlisch kocht sie. Schun vier Stund isch sie uf de Bå, hot d'Clara gfittert un gwicklt, d'Wohnung ufgråmt un en ganze Korb Wäsch gebigelt. „Warum muss isch den ganze Scheißdreck immer älå mache? Des isch doch å sei Kind!" Un dann de Piepser vun de Feuerwehr, sie kann-en schun nimmi höre. Immer, wenn ihrn Mann sisch mol um d'Clara kimmere soll, meld der sisch – un sie steht widder alå do. „Em nächschte Lewe wärr isch en Mann – noch besser en Feijerwehrmann."

Wu sie sisch mol do driwer bei ihrer Modder beklågt hot, hot die å noch Öl ens Feijer gegosse. „Bisch du der sischer, dass der jedes Mol en'd Fejerwehr geht?"

Mitte en ihr Gedanke nei legt de Eike sein Årm um sie un gebt ere en Kuss uf die Back. „Du hosch der escht Mieh gewe mit em Friehstick! Isch heit was Bsuners?"

Do steigt ere d'Gall houch. Kann des sei, dass dem Schlawiner net eifällt, was heit vor en Tåg isch?

Erscht wu sie sei Hand abschittelt, merkt-er, dass Kake em Dämpfe isch. En seim Kopf fängt's å zu rotiere: Gebårtstag hot sie em Januar, Hochzischtåg wår em Oktober. Do schnaupft er erleischtert uf un ä bråts Grinse iwerzieht sei Gsischt. „Natierlisch wåß isch, was vor en Tåg heit isch."

„Dann såg halt!"

„Awer Schatz, des vergess isch mei Lewe nimmi, genau heit vor finf Johr häb isch disch des erschte Mol gsehe un misch sofort in disch verliebt."

Ihr Freindin hot sie domols mitgnumme ghat zum „åå der Helfer". Wu sie sisch do vun dem grouße blonde Feierwehrmann des Innere vun eme Feierwehrfahrzeig erkläre glosst hot, do hot sie blouß noch sei blooe Åre gsehe. Un wenn sie ihm ens Gsischt geguckt hot, isch er immer ä bissl rout wore. Rischtisch sieß wår-er!

For de Eike isch die Welt widder en Ordnung. Ruisch un zufriede setzt er sisch an de Tisch un nemmt ä groußi Portion Rieroi. Un sie, sie stroichlt zärtlisch sein Buckel. Des werd heit än rischtisch scheene Sunntag: än Spaziergang mim Bobbele, vielleischt ä Eis beim Italiener en de Hauptstroß – un dann, wenn die Klå schloft, wer wåß?

Ä Stund spooter gucke d'Isabel un de Eike glicklich mitänanner de Balkon nuner uf de Gårte mit de route Tulpe un de gelwe Narzisse, neme sisch en de Årm un kisse sisch lang un innisch wie schun lang nimmi.

„Månsch du, mir keente die Clara älå losse un die Bette em Schlofzimmer ä bissl durchänanner bringe?“, flischtert de Eike seinere Frå ens Ohr.

„Kumm“, säscht die un greift noch seinere Hand.

Gråd wu em Schlofzimmer die letzschte Hülle falle, ertönt laut: „Piep, piep, piep“.

„Nå, net heit!“

D'Isabel schluckt schnell ihrn Zorn widder nuner, wu de Eike des Apparätl zum Schweije bringt. „Bestimmt widder än Fehlalarm!“, månt-er, „Sunntagmorjens treiwe als d'Kinner bsuners gern sou än Blödsinn.“

Drei Minute spooter mäscht's schun widder: „Piep, piep, piep.“

„Schatzl, es dut mer jo furchtbår leid“, säscht de Eike, „des isch Stufe 3, än Wuhnungsbrand, vielleischt mit Personeschade, do muss isch nå.“

„Wenn'd jetzt gehsch, des verzeih isch der nie!“

Wu er en ihr Gsischt guckt, wås-er, er hot kå Wahl, un drickt widder uf's Knöpfl. Gråd wu-er åfängt sisch mit voller Leidenschaft seinere Frå zu widme, do höre sie des Martinshorn näher kumme, un glej druf noch åns.

Eike isch mit eme Satz aus-em Bett.

Sie langt noch seim Årm. „Unersteh disch!“

Des Martinshorn isch jetzt ganz noh. „Des isch bei uns en de Stroß!“ Jetzt gibt's kå Halte meh. De Eike langt noch Hemm un Hous un reißt die Schlofzimmerdier uf. Em Gang riescht's verbrennt un an de Kischedier kummt Råch aus de Ritze.

„Was isch en des? Feijer en de Kisch!" Er schroit: „Isabel, mach Dier und Fenster zu, mach jo kån Durschzug." Dann erscht reißt-er d'Kischedier uf. Uf em Herd steht en Topf, iwer de Rand läft ä dunkli Brih uf die Herdplatt un de Bode. Zum Glick isch's Fenster gekippt und do drickt's des meischte vun dem dicke Råch naus en's Freie. Mit de åne Hand schalt-er de Herd aus, mit de anere reißt-er ä Handtuch vum Hooke, hält's uner de Wasserhahne un schiebt domit de Topf vun de Herdplatt. Genau en dem Mument taucht des plattgedrickte Gsischt vum Friedel em Kischefenster uf. Uhne weiter nochzudenke, reißt de Eike des Fenster uf un schmeißt den Topf mit aller Kraft naus, hoorscharf em Kopf vum Feijerwehrfreind vorbei.

„Såg mol, spinnsch du?", schroit der, „du Simpl hädsch miesch schier verwischt. Un iwerhaupt, warum hoschen net ufgmacht. Mir häwe geklingelt un telefoniert. Niemand isch drå gange."

Do isch de Eike rout wie ä Tomat wore. „Dut mer leid, mir häwe nix ghört, mir wåre uf em Balkun."

Inzwische steht d'Isabel hinner'm, käswoiß em Gsischt. Sie kann's net fasse, die ganz Kisch em Emer un drune uf de Stroß stehne än Haufe Fahrzeig, sogår s'Route Kreiz isch däbei. „Warum häwe mir net längscht än neje Herd mit Abschaltautomatik gekåft, wie mir's schun lang vorghat häwe?"

Eike guckt sisch um: Was vor ä Sauerei! Die Herdplatt total eigebrennt, die Deck verrußt un em Bode

Brandlöcher. Bis des alles widder en Ordnung isch! „Des wär alles net passiert, wenn isch beim erschte Alarm gange wär, du bisch schuld!“, säscht er leislisch zu seinere Frå, damit's de Friedel net hört.

Do muss sie zu allem Uglück å noch lache: „Dann häd'sch disch awer net zu dere Lieweserklärung hireiße losse, wu'd gmacht hosch, bevor dein ganze Verei åmarschiert isch.“

Em nächschte Sunntåg, beim „Tag der Helfer“, isch de Eike widder voll em Eisatz un die Isabel sorigt unuffällisch dävor, dass er sisch mit bsuners hübsche Mådlin net länger wie ubedingt nötisch ufhält. Wu dann die Kamarade em Schluss mit ihrm Åhang noch gmietlich zsammehocke, frogt sie åner, wie's eigentlisch zum Brand en ihrer Kisch kumme wär.

Do säscht sie: „Isch häb halt d'Gulaschsupp uf em Herd vergesse, des kann doch mol vorkumme, odder?“

Klimakterium masculinum

Patient: Guten Tag Frau Prof. Dr. Brinkmann.
Ärztin: Nehmen Sie doch Platz. Was führt Sie zu mir, Herr ... Moosbronner.
Patient: Frau Professor, Sie sin mei letschti Rettung, isch häb schun sou viel von ihne ghört. Sie solle jo wahre Wuner vollbringe.
Ärztin: Na ja, das ist wohl ein wenig übertrieben. Dann schildern Sie doch mal Ihre Beschwerden.
Patient: Ja, wisse Sie, isch häb iweråll Schmerze, vor allem em Ricke un en de Knie.
Ärztin: Und wann am meisten?
Patient: Wenn i lieg, wenn i steh, wenn i låfe dun ...
Ärztin: Und wenn Sie sitzen?
Patient: Rischtisch, do å.
Ärztin: Ja, und wann ist es ganz schlimm?
Patient: Wenn isch meinere Frå die Wasserkäschte in de Keller tråge muss. Wenn isch meinere Frå de Einkaufswarre schiewe muss, wenn isch meinere Frå de Keller ufråme muss, wenn isch meinere Frå ...
Ärztin: Gut, gut, Problem erkannt. Und wann geht es Ihnen relativ gut?
Patient: Ja richtisch, wenn isch mit meine Kumpel ä Bier trinke geh, wenn isch em Fernseh Fußball guck, wenn isch ...

Ärztin: Na gut, ich weiß Bescheid. Und wann haben Sie das Gefühl, ganz so wie in den guten alten Zeiten zu sein?

Patient: Ja, ehrlisch gesågt, wenn ich so ä knackisch jungs Mådl seh, dann geht's mer plötzlich wunerbar.

Ärztin: Also, wie ein Wunder?

Patient: Awer bluoß ganz kårz, dann isch alles rum.

Ärztin: Typisch, typisch. Spüren Sie manchmal auch einen stechenden Schmerz in der Herzgegend?

Patient: Rischtig, was Sie net alles wisse!

Ärztin: Und bei welchen Gelegenheiten haben Sie das?

Patient: Losse sie misch mol iwerleje: Ja, also wenn mein Fußballverein verlore hot. Odder wenn mein Frå ganz spitz „Liebling“ säscht!

Ärztin: Das Krankheitsbild ist klar, nur über die richtige Therapie muss ich noch etwas nachdenken.

Patient: Ja, und was for ä Kranket isch-en des jetz?

Ärztin: Ich würde sagen, Klimakterium masculinum.

Patient: Klimakterium masculinum! ... Sterbt mer do drå?

Ärztin: Nicht gleich. Der Tod kommt schleichend.

Patient: Ja un was kann mer dägeje dau?

Ärztin: Erlauben Sie noch eine Frage, wie geht es ihrer Libido?

Patient: Libido? Mei Frå håßt Lioba, net Libido, Frau Professor. Alsou, die hot schun ihr Marotte, un zugnumme häwe die em Alter å.

Ärztin: Sie haben mich nicht richtig verstanden. Ich meinte ihre Manneskraft.

Patient: Än Zentner Kartoffel trår i schun en de Keller. Na ja gut, mei Frå lupfe, des schaff i nimmi.

Ärztin: Das liegt vielleicht auch an ihrer Frau. Aber ich meinte etwas ganz aneres, ihr sexuelles Verlangen. In Ihrem Alter muss man schon damit rechnen, dass man in dieser Beziehung kein junger Spund mehr ist.

Patient: Ja, mei Frå beklagt sisch als schun ämol ä bissl. Awer die Elisabeth, unser Nachbarin, die isch immer noch zufriede.

Ärztin: Auch gut, aber kommen wir zur Therapie. Hier gebe ich Ihnen eine Schachtel Vivaldi. Von diesen blauen Tabletten nehmen Sie immer eine, kurz bevor Sie ihre Frau heimsuchen.

Patient: Un wenn die går net heimgesucht were will.

Ärztin: Dann soll auch sie eine nehmen. Em Gegensatz zu vergleichbaren Präparaten ist das von mir entwickelte Medikament auch für die Päårtherapie geeignet. Aber nicht mehr als drei Mal die Woche, sonst besteht die Gefahr, dass Sie einen steifen Hals bekommen.

Patient: Alsou, isch wås net, ob isch die brauch.

Ärztin: Ja und dann sollten Sie mein Buch lesen: „Wie überwinde ich die Wechseljahre des Mannes“.

Patient: Häwe Sie å åns, „Wie überwinde ich die Wechseljahre der Frau?“, domit häw i eigentlisch mehner zu kämpfe.

Ärztin: Auch das! Kein Fehler, wenn Sie das lesen. Ja und dann sollten Sie täglich Gymnastikübungen machen. Hier, in meinem neuen Buch steht alles drin. Schauen Sie mal den Einband, ist der nicht herrlich? Genauso scheen sind die Bilder em Innern, Sie werden ihre Freude haben.

Patient: Gymnastik mach isch doch schun mit meinere Senioregrupp.

Ärztin: Aber die falschen Übungen, wie man sieht.

Patient: Na gut.

Ärztin: Ja, und dann kommen wir zum Wichtigsten, der Diät. Eine Diät ist unbedingt notwendig. Hier haben Sie ein Paket mit meinen Body-Change-Soft-Drinks. Davon nehmen Sie morgens, mittags und abends einen. Auf welch wunderbare Weise dies auf Ihren Körper wirkt, erfahren Sie in meinem Buch: „Mit der richtigen Diät zum Erfolg".

Patient: Un schunscht häwe Sie nix zu verkåfe?

Ärztin: Doch, da wäre noch etwas. Ein Bestseller von mir, unbedingt lesenswert: „Licht em Dschungel der Wunderheiler".

Patient: Her damit, jetzt kummt's å nimmi druf å.

Ärztin: Und dann verspreche ich Ihnen, in drei Tagen werden Sie schlagartig gesund.

Patient: Sou schnell wirkt des?

Ärztin: Ja natürlich! In drei Tagen flattert Ihnen meine Rechnung ins Haus. Wenn Sie die gesehen haben, werden Sie ganz schnell gesund. Ja, dann auf Wiedersehn mein Lieber, eine weitere Konsultation wird nicht notwendig sein.

’s Chrischtkindl

Isch erinner misch noch gut an Weihnachte 1951, do wår isch sechs Johr alt. Lang vorher schun hot uns Buwe des Chrischtkindl beschäftischt. Mein Freind Emil hot gmånd, des wär en Engel sou wie de Engel Gabriel uf em Heilischebild en seim Gsangsbischl. Dem hot de Heinz energisch widersproche: Er dät ganz genau wisse, dass des die Frå vum Nikolaus isch. De Ginda hot behaupt, em letzschte Johr sei des Chrischtkindl sei Tante Marie gwesst – awer des hot-em kåner abgnumme.

Vor-em Heilische Owed war noch viel zu dau. Mei Modder hot morjens alles abgståbt, die Holzböde geblockt un de Gang ufgwischt. Mei Cousine Anita un isch häwe en dere Zeit eikåfe geh misse: beim Bäcker, en de Milschzentral, beim Metzger un em Kolonialwarelåde.

Alle Geschäfter wåre gstoppt voll, un drinn isch’s um’s nackte Iwerlewe gange. All häwe siesch noch vorne gedrickt un die Stärkschte und Lautschte häwe gwunne un sen drå kumme. Em Nochmittag isch dann de Wäschkessel em Keller ågheizt wore und mir Kinner sen nochenanner en die Badwann gesteckt, mim grouße Wäschlumpe abgschrubbt und mit håß Wasser abgebrieht wore.

Em halwer viere hot die Wâterei endlisch ä End ghat. Mei Oma isch kumme und hot misch un d'Anita abgholt für die Kinnerkersch. Zuerscht isch sie mit uns zu de Kripp newerm Altar gange. Dort häwe mer mit grouße Åre die heilische Figure betracht. Maria un de Josef, Engel un die Hirte, de Esel un die Kuh – un die leer Kripp. Die Oma hot uns verrote, dass do drin nochher s'Jesuskind neikummt, dann wenn rischtisch Weihnachte isch.

In de Bank hot sich mei Oma ganz ådächtisch nâgekniet und mir häwe ruhisch sei messe. Ich häb mer anere ä Beispiel gnumme und die Händ gfalt. Weil mer kå Gebet eigfalle isch, häw isch åfach was vor misch nå gmurmelt. Dann hot d'Oma drei Kerze aus de Handtasch gholt und bei ihrm Nachbar ågezündt. Jedi isch mit eme Tropfe Wachs uf die Kerschebank gebappt wore. Grad wu isch die Kerz vun de Anita ausblose gwod häb, hot misch mei Oma sou streng ågeguckt, dass mir's ganz anerscht wore isch.

Plötzlisch isch's Licht ausgange, de Messdiener hot an de Dier vun de Sakrischtei geklingelt un dann isch de Pfarrer mit eme Messgwand ganz en Gold rauskumme un uf de Altar zugschritte. Wu de Organischt uf de Empore mim Orgle fertisch wår, isch vun do owe en Gesang kumme, sou was scheens häw isch en meim ganze Lewe noch net ghört ghat. Ob des en Engel isch, odder vielleischt sogar s'Chrischtkindl? Isch häb net getraut zu gucke. Vielleischt hät mich dann de Blitz getroffe, bestimmt awer die Hand vun de Oma.

Ä pår Minute spooter wår's plötzlisch do, s'Chrischtkindl, ä wunerscheens Mådel mit offene blonde Hoor bis uf d'Schulter nuna un eme lange weiße Klåd. Ernscht un feierlisch hot sie ä Samtkisse de Mittelgang vorgetråre, und do druf isch's Jesuskind gleje. Hinter dem Chrischtkindl mit dem Jesuskindl sen die Kommunionmådlin gloffe in ihre weiße Klåder un d'Hoor en Zöpf gflochte. Ja un dann hot des Chrischtkindl des Jesuskindl en sei Kripp niglegt. Mir isch's ganz wårm um's Herz wore, jetzt en dem Mument hot Weihnachte ågfange.

Wu mer håm ghume sen, hot sisch die Welt verännert ghat. Mein Vatter wår ågezorre wie zu ere Beerdischung, mei Modder em Sunntagsklåd, Seidestrimpf un ihrer goldene Kett um de Hals. Un die Dier zu de Gut Stubb wår abgschlosse. Noch un noch isch dann die ganz Verwandtschaft eigetrudelt. Mein Unkel Artur mit de Tante Emma un ihrm Suhn Alfred, Tante Lydia un de Onkel Alfred mit de Doris un de Anita, Tante Thekla mit ihre drei Kinner Elmar, Isolde und Sieglinde. All wåre sie feschtlisch ågezore und häwe sisch en die Kisch neigedrückt. Mir Kinner häwe vor allem ruhisch sei misse und sinn desweje newer unsere Midder gsetzt wore. Mehner wies s'Gsischt verziehe un kischere wår do net drin. De Teller mit de Weihnachtsgutsl isch rumgange, jeder vun uns hot åns neme dirfe, awer erscht wenn er an de Reih gewesst isch. Die Männer häwe uns Kinner total iwersehe und blouß dicke Zigarre gepafft und politisiert.

Als mir vor Ufrejung schier geplatzt sen, wår's endlisch sou weit, s'hot an de Hausdier geklingelt. Mei Modder isch nausgange: „Guten Owed Chrischtkindl, kumm rei, die Kinner wårde schun uf disch."

Do hot's kå Halte meh gewe, mir sen en die Gut Stubb nej gstirmt. En de Eck isch de Tannebåm mit weiße Kerze, silwerne Kugle, Kette un Lametta gstanne. Danewe ä Gstalt mit eme Schloijer vor-em Gsischt. Mit glockeheller Stimm hot sie gsåt: „Ich bin das Chrischtkindl, von weit komme ich her. Ich wünsche euch frohe Weihnachten. Viele Geschenke habe ich mitgebracht."

Un dann hot's des Chrischtkindl plötzlisch ganz eilisch ghat, weil's jo noch zu dene viele anere Kinner en de Stroß gmesst hot.

An die Geschenker erinner isch misch kaum noch. Uf jeden Fall hot mer mei Oma, wie jedes Johr ä pår Strimpf gestrickt ghat. Iwer des Mensch-Ärger-Dich-Nicht-Spiel vun meim Pfeterisch häw isch misch ganz bsuners gfreit. Un was hot's schunscht noch gewe? Ä Kittelscherz vor mei Oma, ä Krawatt vor mein Vatter, ä Schachtel Zigarre vor de Unkel Artur, Handschuh vor die Tante, vielleischt ä Buch for die größere Kinner. Praline wåre was ganz Bsuners und die Weibsleit häwe sich iwer ä Fläschl Kölnisch Wasser gfreit. Und was häwe mir Kinner geschenkt? Går nix, mir häwe nämlich domols noch kå Taschegeld ghat.

Die Erwachsene wåre zu uns Kinner groußzigisch wie's ganze Johr net. Sie häwe net ämol was gsåt, wu mir noch em Nachtesse durch die Zimmer getobt sen, Hauptsach mir häwe sie net gstört. Wenn gråd kån Grouße en de Näh gwesst isch, dann häwe mer die Kerze em Båm ausgeblose un widder ågezünd. De Teifel wår louß, wenn åner däbei verwischt wore isch. Bevor mer dann zu spooter Stund en's Bett gemesst häwe, hot die Tante Thekla jedem Kind än Sternspritzer en d'Hand gedrickt. Un wenn dann die Funke un Blitz noch allene Seite gezischt sen, häwe mir uns schun ufs näschte Fescht gfreit, nämlisch Silveschter.

Unser Dochter werd 40

Marlies: Wåsch du, dass unser Tanja schun 40 Johr alt werd?

Alfred: Ach was, die isch doch erscht vor ä påår Johr en'd Schul kumme.

Marlies: Des isch jetzt awer schun ä Weil her.

Alfred: Des wåre noch Zeite! Do bin isch bei meinere Tochter noch de liewe Gott gwesst.

Marlies: Un glei druf isch die Zeit kumme, wu du net gmerkt hosch, dass sie sisch zu ere junge Frå entwickelt hot.

Alfred: Do kannsch du awer ruisch sei. Wer hot en unsere Gäscht verzählt, dass unser Tochter ä ganz harmlos Mådel isch un vun de Buwe noch nix wisse will?

Marlies: Musch du mir des bei jedere Gelejenheit uner d'Nas reiwe?

Alfred: Wu unser Gäscht dann naus kumme sen, isch sie vor de Dier gstanne, unser Tanja, eng umschlunge, do hädsch måne kenne, die zwå woode innenanner nejschlupfe.

Marlies: Wennischtens hot sie den junge Mann dann å gheiert. Net sou wie du. Wie viel hoschen du gekisst, biss endlisch mol åni gheiert hosch?

Alfred: Des isch doch jetzt net s'Themå. Dohin en de Zeitung steht, die durchschnittliche Lebenserwartung beträgt 79,8 Johr. Stell der mol vor, do hot unser Tanja doch tatsächlisch ihrn Zenit schun iwerschritte. Noch em 40schte Gebårtstag beginnt sozusåre de Abstieg. Die schreiwe: „Ab dem 40schten Lebensjahr verschlechtern sich die körperlichen und intellektuellen Funktionen in allen Bereichen kontinuierlich."

Marlies: Håst des, do lässt alles ä bissl noch?

Alfred: Mer kenne vun Glick såre, dass mer die drei Enkel schun häwe.

Marlies: Wu doch ihrn Thomas å schun uf em absteigende Ascht hockt.

Alfred: „Rischtisch: Bei Männer ab dem 40. Lebensjahr sinkt allmählich der Testosteronspiegel."

Marlies: Alsau die männlische Hormone!

Alfred: Un wenn er net ufpasst un weiter soviel Kaffee trinkt wächst em å noch ä Bruscht. Des hot's schun alles gäwe.

Marlies: Wie kummschen jetzt uf sou was?

Alfred: Em Kaffee isch doch des Wasser aus de Wasserleitung.

Marlies: Na un?

Alfred: Wenn mer bloß Todesåzeige liest, isch mer halt net informiert. Alsou, des Wasser aus de Kanalisation, des werd grindlisch gereinischt und dann werd des widder Trinkwasser.

Marlies: Des isch jo eklisch!

Alfred: Un s'kummt noch viel besser. Weil nämlisch die weiblische Hormone vun de Anti-Baby-Pille em Wasser drin bleiwe, kumme sie eines Tags widder aus em Wasserhahne raus. De Rescht kansch der denke. Odder?

Marlies: Un em End gibt's bloß noch Fraue uf de Welt.

Alfred: Gott sei Dank erleb isch des nimmi.

Marlies: Was keente mer unserer Tochter zu ihrm runden Gebårtstag schenke?

Alfred: Mer messe ihrm neje Lebensabschnitt Reschnung tråre. Ä Gsischtscreme vor die Falte und ä Salb vor die Vene, des wär vielleischt gråd s'Rischtische.

Marlies: Isch des net ä bissl taktlos?

Alfred: Ja gut, dann wär do noch des Kamasutra un des Dekameron.

Marlies: Du månsch des indische Buch iwer Liebesstünschte und des anere, wu sisch d'Italiener sauische Gschischte verzähle?

Alfred: Genau. Un des Gschenk dät uns net ämol was koschte. Isch glåb, die zwå Biescher häw isch noch irgendwo em Biescherschrank.

Marlies: Des hosch du mer går nie veråte!

Alfred: Was månsch en du, wu isch als mej Eifäll for unser Ehelewe her häb?

Marlies: Dann hosch awer schun lang nimmi nei geguckt.

Alfred: Isch seh gråd, uf de Service-Seit vun de Zeitung were pädagogische Biescher empfohle.

Marlies: Les halt ämol vor!
Alfred: Alsou, des erschte Buch håßt: Wie bringe ich meine Kinder zum Zuhören?
Marlies: Hot's do å åns for Ehemänner?
Alfred: Babbl kå dumms Zeig.
Marlies: Dann les halt weiter!
Alfred: Alsou s'nächschte isch: Gehört mein Kind zu den Hochbegabten?
Marlies: Des wär doch was, gescheit sin sie schun unser drei.
Alfred: Du månsch, weil unser Enkelkinner die Intelligenz direkt vum Opa geerbt häwe?
Marlies: Wenn du sou superschlau bisch, dann loss der endlisch mol ä Gschenk eifalle.
Alfred: Isch häb's, mir schenke ere än Butler. Sou en Super-Diener, wu ere alle Wünsch erfülle dut.
Marlies: Du månsch, åner, wu sou vornehm schwätzt un rumlåft, wie wenn er en Stecke em Kreiz hät?
Alfred: Rischtisch, „Gnädige Frau, was wünschen Sie zum Frühstück?" odder „Darf ich Ihnen noch einen Tee ans Bett bringen?".
Marlies: Des wär's gråd noch.
Alfred: Ja, der dut koche und sauwermache, uf die Kinner ufpasse, halt alles was nätisch isch.
Marlies: Ja, un mit de Kinner englisch schwätze.
Alfred: Un dene Maniere beibringe.
Marlies: Un mim Klåne Fußball spiele.

Alfred: Ja, un wu de Thomas doch jeden Tåg sou viel schafft un immer mid håmkummt, erledischt der å noch die ehelische Pflischte.

Marlies: Ja, koscht der net än haufe Geld? Kenne mir uns des iwerhaupt leischte?

Alfred: A vor des Glick vun unsere Tochter isch mer nix zu deijer. Notfalls dune mer halt s'Häusel verkåfe.

Marlies: Ja, un wo will'sch en dann wuhne?

Alfred: Ha die häwe doch em Keller noch zwå Zimmer, die däte uns lange. Un dann känd uns de Butler mitversorje. Stell der mol vor, jeden Morje s'Friehstick ans Bett.

Marlies: Des känt isch mer gut vorstelle. Un dem Butler gäwe mer dann die zwå Biescher aus em Schrank.

Alfred: Un was soll'n der domit?

Marlies: Du hosch doch gsaat, der mäscht alles.

Alfred: Ja un, des verschteh isch jetz net.

Marlies: Des mäscht nix, Hauptsach de Butler versteht's.

Alfred: Häm-er jetzt alles gschwätzt?

Marlies: Natierlisch, des isch wirklisch ä einmalisch's Gschenk! Du glåbsch jo net, wie isch misch uf de Butler vun unsere Tanja frei.

68er-Studente

Uf em Bahnsteig em Heidelberger Hauptbahnhof werd de Alexander vum Thomas un die Margot, sei Studiekollege vum Mathe-Wahlfach, freidisch begrießt. Beiene steht d'Sonja, mit der er sisch erscht vor korzem em Studenteparlament gezofft hot. Sie hot gemånd, dass die Studenteschaft däzu do wär, die bürgerlische Gsellschaft in ä sozialistischi zu verwandle. Er wår de Meinung, dass die Verännerunge en de Gesellschaft net zu de Ufgåwe vun eme Studenteparlament ghöre.

Wu de „Rout Sonja", wie sie vun de Studiekollege grufe werd, sein Åzug un sei Krawatt mit eme spöttische Lächle muschtert, wåß-er, dass sie ä vernischtendes Urteil iwer'n fällt. Däbei wår mindeschtens die Hälft vun de anere Studente genausou ågezorre.

Mit eme bedeitungsvolle Blick uf ihr Gepäck holt de Alexander awer schnell zum Gejeschlag aus un frogt scheiheilisch: „Isch ihrn Freind bei de Bundeswehr?"

Sie isch iwerrascht, fängt sisch awer schnell: „Wie kummen Sie uf sou en Quatsch?"

Er zeigt uf de Schlofsack newer ihrm Koffer: „Des isch doch åner vun de Bundeswehr, alsou vum Klassefeind, odder net?"

„Na un, den hot mir mein Schworer glehnt! Außerdem muss mer die Bundeswehr schädische, wu's geht, umsou schneller geht dere s'Geld aus."

En dem Mument fährt de Fernschnellzug noch Wien ei, d'Sonja nemmt ihr Gepäck un låft, ohne rumzugugge, schnurrstraks Rischtung Sonderware, der vor de Delegation vun de Pädagogische Hochschule reserviert isch, die zum 100schte Jubiläum vum Pädagogikum nach Wien fährt.

Sie vun rechts, er vun links, treffe sie vor em letschte leere Abteil ufänanner und stärze sisch uf die Fensterplätz. Wu sie ihr Gepäck em Netz iwerm Sitz verstaut, genießt-er die Aussischt uf ihr braune schlanke Bå, – schier bis zum Bauchnawel. En dem Mument dreht sie sich rum un sieht wie er rout werd. Sie runzelt die Stern und zieht ihrn Mini-Rock glatt. „Hot der ere vielleischt druner geguckt?"

Er grinst sie å: „Sou ä Jubiläumsfescht mit Vorträg un Besichtischunge passt des iwerhaupt en ihr Weltbild?" Mit ihr ä bissl rumzuhändle macht åfach Spaß. „Odder studiere Sie do de Klassefeind?"

Sie grinst zurick. „For 50 Mark loss isch mer doch acht Tåg Wien net entgeh. Un dann kriegt mer å noch en Pädagogik en Schei dävor. Un Sie, warum sen Sie mitgfahre, um sisch bei de Dozente eizuschleime?"

„Ehrlisch gsåt, isch häb em Urlaub en England ä Wienerin kenneglernt un die will isch bei der Gelejeheit bsuche."

„Die grouß Liebe?"

Er zuckt mit de Achsl. „Wu isch sie kenneglernt häb, hot sie noch en Freind ghat."

Irgendwie isch sie erleischtert, dass er nix vun ere wisse will. Sie hot gråd mit åm Schluss gemacht. Sechs Johr lang hot er Soziologie und Politik studiert. Beim Demonstriere und bei de Sit-Ins, beim Abfasse vun Manifeschte und beim Diskutiere en de Studentekneipe isch-er immer vornedrå, awer ä Prüfung hot-er bis jetzt noch net gmacht. Jetzt wårt er uf die sozialistische Revolution, weil dann Prüfunge nimmi nädisch sen. Des Gschwätz hot sie schun gnervt, schließlich hot sie sisch mol än Mann vorgestellt, der sie ernähre dut un net umgekehrt. Des Fass zum Iwerlåfe hot dann die viel propagierte „sexuelle Befreiung" gebrocht, die for ihn en Freibrief wår, um mit anere Weiwer ens Bett zu geh.

Uf dere lange Bahnfahrt unerhalte sich d'Sonja un de Alexander immer besser. Noch vier Stunde Fahrt, korz vor Münche, gsteht sie, dass sie nimols in åni vun dene ultra-linke Studentegruppe eitrete dät, un er, dasser bei de letschte Vietnamdemonstration mitgloffe isch un bei de Rote-Punkt-Aktion geje die Erhöhung vun de Stroßebahnpreise mitgmacht hot.

Wu de Alexander mol widder uf die nackische Schenkel vun de Sonja guckt und schier net sei Åre lousreiße kann, platzt er raus mit dem, was ihn schun die ganz Zeit plogt: „Tråre Sie eigentlisch immer die Schlüpfer en de gleisch Farb wie die Söckelin, un dann å noch en rout? Hot des ebbes mit ihrm Utzname zu dau?"

Em erschte Mument isch sie sprachlos, dann explodiert sie: „Sie Arschloch, sou ebbes hot noch kåner zu mir gsåt." Sie springt uf, stroicht ihrn Rock glatt, packt d'Zigaretteschachtel und geht naus. Sou en fresche Hund, ausgreschelt jetzt, wu sie ihn rischtisch sympathisch gfunne hot.

Noch zwå Zigarette kummt sie widder, sie hot sisch beruhischt un em Stille sogår ä bissl amüsiert. Wu sie stur zum Fenster naus guckt, stottert de Alexander ä Entschuldischung: „Sie, des tut mer rischtisch leid, was isch gsåt häb. Isch häb's halt urkomisch gfunne, dass de Schlüpfer un die Söckelin die gleisch Farb häwe. En Zukunft halt isch mei freschi Gosch, versproche!"

Wu sie sisch zu-em rumdreht, glitzere ihr Åre un sie grinst spöttisch: „Awer des Arschloch nemm isch net zurick."

Do mischt sisch die Margot ei, die bis jetz nix gsågt hot: „Wenn du schon Arschloch zu ehm säsch, känsch ihn doch å duze." Sie guckt en die Runde: „Mer keente uns doch all duze?"

All nicke sie, blouß die Sonja muss noch en Kommentar abgewe: „Mir Linke mache des sowieso. Uner eisch Reschte häw isch misch des allerdings net getraut, schunscht hät isch gråd ä Abfuhr kriegt."

Noch zeh Stund Bahnfahrt un ä påår hitzische Diskussione sen die fünf „Reschte" em Abteil un die „Rout Sonja" Freinde, die dann en Wien schier alles mitänner unerneme: Vorträg un Besichtischunge, Ausflieg und Esse, de Besuch em Prader mit em Rieseråd un beim Heurige en Grinzing. Blouß de Alexander geht als ab un zu eijene Wege un trifft sei Urlaubsbekanntschaft. Schnell muss-er awer feschtstelle, dass des doch net sei groußi Liebe isch.

Widder en Heidelberg, bleibt die Clique beinanner. Sie treffe sisch rejelmäßisch bei de Sonja, weil die mit zwo anere Mådlin ä ganzi Wuhnung gmiet hot un de Vermieter weit weg wuhnt un kå Ängscht hot, dass er weje Kuppelei ågezeigt wird, wenn åner iwernacht bleibt.

De Alexander kann immer kumme, wenn er zwische de Vorlesunge frei hot, dann mäscht sie Kaffee un sie diskutiere iwer Gott un die Welt un kumme net selte hinneränaner iwer ihr politische Åsischte.

Zwische dene zwå entwickelt sisch ä rischtisch scheeni Freindschaft. Awer immer wenn åner mit dem Gedanke spielt, ebbes Näheres åzufange, hot de aner gråd jemand kenneglernt.

Em letschte Semeschter lerne sie zsamme for die Prüfung un åschließend wird åstänisch gfeiert. Kårz bevor sie als Grund- un Hauptschullehrer weit weg vum revolutionäre Heidelberg ihrn Dienscht åtrete misse, will sisch die Clique nochämol bei de Sonja treffe. De Alexander isch schun frieher do, um ere bei de belegte Brote un de Pfersischbowle zu helfe. D'Margot und de Thomas häwe abgsåt. „Wahrscheinlisch häwe die was Bessers vor," grinst d'Sonja. Kaum hot sie ausgschwätzt, rufe å noch die anere zwo å, sie mäßte noch sou viel vor de Umzug vorbereite.

Gråd, wu sie sich iwerleje, wen sie vun ihre Studiekollege uf die Schnelle noch eilåde keente, klingelt's an de Hausdier und zwå Päärlin stehne drauße. Åni vun dene Fraue stellt sisch als Nochmieterin vor, sie wood mit ihre Freinde mol die Wohnung ågucke un ausmesse. Ganz schnell neme die viere die Eilådung zur Party å un mache sisch iwer die Brote her. Die Bowle heizt die Stimmung å un zu spooter Stund dricke sisch die Gäscht schmusend uf em Sofa rum. Åscheinend sen sie der Meinung, dass de Alexander un die Sonja zsamme ghöre un å bal zum Nahkampf iwergehne were.

Un tatsächlich ruscht sie mit ihrm Stuhl ganz noh zum Alexander, guckt-em beim Schwätze dauernd en die Åre und reibt wie zufällisch ihr Knie an seim. Vor allem vermeid sie jeden Widerspruch. Un wu er dann endlisch d'Åre zumächt un åfängt zu kisse, do fällt mit eme grouße Rumps die dick Mauer zwische ehne zsamme un sie höre die Posaune vun Jericho.

Korz dänoch frore die Gäscht, wie des mit em Iwernachte wär, håm keente sie jo jetzt nimmi, abgesehe däfu, dass sie bei de Eltern getrennt schlofe meeste. Do stellt-ehne d'Sonja großziegisch die Bette vun ihre Mitbewuhnerinne, die iwer s'Wocheend håmgfahre sen, zur Verfiegung.

Drei Munet spooter feiert em Alexander sei Motter ihrn 50ste Gebårtstag. „Wenn der's rescht isch, bring isch mei Freindin mit, säscht-er aus heiterem Himmel.

„Die Sonja, vun dere du dauernd verzähle dusch?"

„Ja, mir häwe mitenanner uf d'Priefung glernt."

„Un wie lang hosch sie gekennt, bevor sie zum erschte Mol gekisst hosch?"

„Na ja, em Åfang wår alles kameradschaftlisch."

„Wie lang?"

„Schirgå ä ganz Johr", säscht-er un werd ä bissl rout däbei.

„Å ganzes Johr", säscht sie mit hochgezorrene Årebraue.

„Isch jo gut, isch wåß, isch häb misch immer luschtisch gmacht, weil's bei eisch ä halbs Johr gange isch."

„Wenn euer Eh doppelt so lang hält wie unseri, dann soll mer's rescht sei."

„Vun Heiere isch awer noch lang kå Red. Såg do dävu jo nix zu de Sonja, des isch ä emanzipierti Frå." Dass sie å noch ä Routi isch, verschweigt-er, des wär vor sei Modder zu viel gwesst.

Lindemanns Bibliothek
Edition Mundart, N° 39

herausgegeben von
Thomas Lindemann

ISBN 978-3-96308-075-3

www.infoverlag.de